WO GUO DUOSHI LIANYUN FAZHAN JISHU
ZHENGCE YANJIU

我国多式联运发展技术政策研究

交通运输部规划研究院　著

人民交通出版社

北京

内 容 提 要

本书从理论到实践剖析我国多式联运发展技术政策。全书共8章，主要内容包括：技术政策概论、我国多式联运技术发展现状及问题、我国多式联运技术政策发展总体思路、多式联运技术政策国外经验借鉴、我国多式联运发展技术政策主要内容、多式联运枢纽布局优化、多式联运技术与装备创新应用和多式联运经营人与骨干龙头企业培育。

本书可供从事交通运输规划与管理的相关政府机构、科研院校研究人员参考，也可供行业从业人员学习参考。

图书在版编目(CIP)数据

我国多式联运发展技术政策研究/交通运输部规划研究院著. —北京：人民交通出版社股份有限公司，2024.7. —ISBN 978-7-114-19634-8

Ⅰ.F511.41

中国国家版本馆 CIP 数据核字第 202407PN82 号

书　　　名：	我国多式联运发展技术政策研究
著　作　者：	交通运输部规划研究院
责任编辑：	戴慧莉
责任校对：	赵媛媛　魏佳宁
责任印制：	刘高彤
出版发行：	人民交通出版社
地　　　址：	(100011)北京市朝阳区安定门外外馆斜街3号
网　　　址：	http://www.ccpcl.com.cn
销售电话：	(010)85285911
总　经　销：	人民交通出版社发行部
经　　　销：	各地新华书店
印　　　刷：	北京虎彩文化传播有限公司
开　　　本：	787×1092　1/16
印　　　张：	9.5
字　　　数：	224千
版　　　次：	2024年7月　第1版
印　　　次：	2024年7月　第1次印刷
书　　　号：	ISBN 978-7-114-19634-8
定　　　价：	62.00元

(有印刷、装订质量问题的图书，由本社负责调换)

《我国多式联运发展技术政策研究》
编写委员会

主　任：甘家华　李　弢

副主任：魏永存　信红喜

委　员：金敬东　刘勇凤　成倩倩　李云汉

　　　　刘佳昆　陈波苝　林锦鸿　李绪茂

　　　　周也方　向宏杨　杨丁丁　苏华正

　　　　何荣荣　冷智强

前言

多式联运是一种先进、高效的运输组织模式,能够有效提升全程运输效率、减少货损货差、降低物流成本,在保障我国经济社会平稳有序运行中发挥重要作用。近年来,多式联运作为我国物流业发展的头号工程,受到了国家的高度重视、行业的广泛关注、市场的充分认可,尤其是国家多式联运示范工程的实施,积累了一批可复制、可推广的发展经验,有力提升了多式联运吸引力、竞争力和影响力。此外,我国稳中向好的经济形势也为多式联运发展创造了广阔的空间,在各方的共同推动下,我国多式联运发展面临着前所未有的机遇,现已形成"部门齐抓共管、区域协调联动、方式加紧衔接、企业主动作为"的良性格局,铁水联运快速增长、公铁联运势头良好、陆空联运探索前行、中欧班列高质量发展,有力支撑了我国货物运输结构调整和物流降本增效,为我国经济转型升级赋予了新动能,全社会物流总费用占 GDP 比例从 2014 年的 16.6% 降低至 2023 年的 14.4%。

《交通强国建设纲要》提出要推动交通发展由各种交通方式相对独立发展向更加注重一体化融合发展转变,到 2035 年,货物多式联运实现高效经济,并在基础设施布局完善、立体互联、交通装备先进适用、完备可控等方面提出了具体的技术政策要求;《国家综合立体交通网规划纲要》也提出要推进各种运输方式统筹融合发展。对标"双纲要"对多式联运发展的要求,我国多式联运发展还存在一些问题和不足,尤其是在各运输方式衔接协调方面,缺乏有效、全面的技术政策支持。《2024 年国务院政府工作报告》明确提出实施降低物流成本行动,2024 年中央财经委员会第四次会议对有效降低全社会物流成本作了进一步部署,这对大力发展多式联运、推动运输结构调整优化提出了更高的要求。未来,加强多式联运技术政策指引、持续优化运输组织模式成为推动物流降本增效、高质量建设交通强国的重中之重。

多式联运具有产业链条长、资源利用率高、综合效益好、抗风险能力强的特点,推进多式联运高质量发展,需要在枢纽、装备、组织、标准等多式联运链条的各环节、各要素上加强技术指导和有效衔接。当前,全面研究多式联运技术政策的书籍较少,本书从技术政策的基础理论入手,深刻剖析了我国多式联运技术发展的现状和问题,在对我国多式联运发展面临的新形势、新要求进行把握判断后,提出我国多式联运技术政策发展的总体思路;对欧美国家多式联运技术政策进行梳理,分析其对我国的启示,据此提出我国多式联运发展技术政策的主要内容,并在多式联运枢纽布局优化、多式联运技术与装备的创新应用、多式联运经营人与骨干龙头企业培育等方面进行了专题论述。本书的研究对了解我国多式联运技术政策、持续推进我国多式联运技术政策的实践创新具有重要的指导意义和参考价值。

本书由甘家华、李弢担任主笔,魏永存、信红喜、金敬东、刘勇凤、成倩倩、李云汉、刘佳昆、陈波苾、林锦鸿、李绪茂、周也方、向宏杨、杨丁丁、苏华正、何荣荣、冷智强等参加了相关章节的撰写,在此深表感谢。感谢交通运输部运输服务司等单位对本书相关研究内容的指正和建议,以及感谢本书编写过程中给予技术指导的各位专家学者。

由于作者水平有限,书中难免有疏漏和不足之处,敬请有关专家、学者和多式联运从业者不吝批评指正。

作　者

2024 年 4 月

第 1 章　技术政策概论 ··· 001
1.1　技术政策的基本理论 ··· 001
1.2　我国技术政策现状及应用 ··· 003
1.3　多式联运及多式联运技术政策框架 ··· 005

第 2 章　我国多式联运技术发展现状及问题 ··· 014
2.1　我国多式联运的总体发展现状 ··· 014
2.2　我国多式联运技术发展现状 ··· 020
2.3　我国多式联运技术发展存在的问题 ··· 031
2.4　原因分析 ··· 034

第 3 章　我国多式联运技术政策发展总体思路 ··· 036
3.1　我国多式联运发展面临的新形势 ··· 036
3.2　我国多式联运技术发展的新要求 ··· 038
3.3　我国多式联运发展技术政策的指导思想 ··· 040
3.4　我国多式联运发展技术政策的基本原则 ··· 040
3.5　我国多式联运发展技术政策的总体目标 ··· 041

第 4 章　多式联运技术政策国外经验借鉴 ··· 043
4.1　欧美多式联运的战略定位 ··· 043
4.2　欧美多式联运政策法规发展 ··· 045
4.3　欧美推进多式联运发展的主要技术政策 ··· 051
4.4　对我国的启示 ··· 063

第 5 章　我国多式联运发展技术政策主要内容 ··· 067
5.1　基础设施 ··· 067

5.2 运输装备 ··· 069
5.3 运输组织 ··· 070
5.4 标准规范 ··· 071
5.5 信息化与智能化 ·· 071
5.6 安全与绿色 ··· 072
5.7 保障措施 ··· 072

第 6 章 多式联运枢纽布局优化 ··· 074
6.1 多式联运枢纽内涵与分类 ·· 074
6.2 多式联运枢纽发展现状 ··· 076
6.3 多式联运枢纽发展面临的形势与要求及发展趋势 ··· 081
6.4 多式联运枢纽建设国外经验借鉴 ··· 084
6.5 多式联运枢纽建设的总体思路 ··· 090
6.6 多式联运枢纽布局优化的措施及建议 ·· 092

第 7 章 多式联运技术与装备创新应用 ··· 094
7.1 多式联运装备概述 ·· 094
7.2 我国多式联运装备技术发展现状 ··· 101
7.3 我国多式联运装备技术发展需求及趋势 ·· 123
7.4 我国多式联运装备与技术创新应用的对策建议 ·· 124

第 8 章 多式联运经营人与骨干龙头企业培育 ·· 133
8.1 我国多式联运经营人发展的基本情况 ·· 133
8.2 多式联运经营人发展存在的主要问题 ·· 136
8.3 对于多式联运经营人和骨干龙头企业培育的建议 ·· 140

参考文献 ··· 144

第1章 技术政策概论

1.1 技术政策的基本理论

1.1.1 技术政策的概念和内涵

技术政策是指国家或地方政府引导、促进、规范和控制产业技术发展，使之达到经济与社会发展目标相一致的政策体系，是政府引导产业发展的重要手段。

技术政策是产业政策的重要组成部分，也是政府宏观调控经济协调发展、引导市场主体行为方向的重要政策手段，是国家对一个特定领域技术发展和经济建设进行宏观管理的重要依据，具有导向性、综合性、阶段性、手段性等特点。

1.1.2 技术政策的框架和内容

技术政策由四个基本内容组成，包括确定技术发展目标、明确行业结构、选择技术发展方向和指出促进技术进步的途径和措施。

（1）技术发展目标。

技术政策要对技术发展方向和目标进行阐述，发展目标要适应经济发展目标需求。发展目标制定要充分分析技术发展趋势和方向，要从技术能力、经济和社会条件的实际情况出发。

（2）行业结构。

技术政策要深入解析行业结构，包括行业的技术结构、生产结构和产品结构。在分析行业生产力现状、技术水平、发展能力和产品需求的基础上，确定行业内部各种生产力和生产方式的关系、合理比例、规模、布局、发展速度和时序、技术构成，以及主要产品的发展方向与消费分配原则。

(3)技术发展方向。

技术政策要对现有关键技术及应用情况进行分析,根据综合经济效益和社会效益,从技术能力、自然条件、经济条件和社会条件出发,在促进国家技术进步的前提下,对技术先进性与经济、社会方面的合理程度作出评价,对技术发展方向做出选择。

(4)途径与措施。

技术政策要说明推进技术发展和进步的途径、路线及措施等,如加强研究开发,推动技术成果工业化、实用化、商品化;引进、消化、吸收适用的先进技术;采用新技术加速传统产业改造;实行统筹规划、综合开发、配套建设的合理程序和优化方案;完善质量保证制度和体系;推行标准化、系列化和通用化;应用先进的手段和方法,实现管理现代化;实行专业化、社会化的生产和协作;完善和加强支持技术和生产发展的基础结构;提高装备的质量和水平;合理地、有效地利用资源和能源;保护生态环境;正确选择重要的工艺路线和流程等。

1.1.3　技术政策的主要导向

技术政策一般包含"推广应用、鼓励应用、支持发展、限制使用"四类技术政策导向。

(1)推广应用:对于行业发展具有重大影响,有利于行业科技进步和产业结构升级的先进、成熟、适用技术;

(2)鼓励应用:已有一定基础,需要继续改进完善的技术;

(3)支持发展:目前技术尚不成熟,但具有较强发展潜力的技术;

(4)限制使用:不符合国家及行业相关产业政策要求,且已有先进成熟技术替代的技术。

1.1.4　技术政策的作用与意义

技术政策用于规划和指导技术的发展方向、目标和原则,是一个领域技术发展和经济建设进行宏观管理的重要依据;是编制科技发展规划、经济和社会发展规划,指导技术改造、技术引进、重点建设以及产业结构调整和发展的重要依据。技术政策的制定综合考虑技术、经济、社会等各方面发展和应用要求,是技术工作和经济建设应共同遵循的发展政策。技术政策对于促进社会经济转型发展、提升国际竞争力、加强生态环保等均具有重要意义。

1.2 我国技术政策现状及应用

1.2.1 国家层面的技术政策

技术政策是政府充分调动社会资源、引导市场主体创新行为的重要手段,是政府指导产业技术发展、促进产业技术进步的重要依据。我国从国家到各行业都非常重视产业技术政策,分别于1985年、2002年和2009年发布了《国家产业技术政策》,对于推动经济发展方式转变、促进产业结构调整、提升我国产业技术水平发挥了重要作用。此外,环保、建筑、能源、水利等部门均制定出台了行业技术政策,促进了行业技术进步和产业升级。

1985年,我国首次发布了《中国技术政策》,包括能源、交通运输、通信等14项技术政策的要点。2002年,国家经济贸易委员会、财政部、科学技术部和国家税务总局联合发布了《国家产业技术政策》(国经贸技术〔2002〕444号),明确这一时期我国几乎所有产业的技术发展方向和重点。2009年,工业和信息化部、科学技术部、财政部、国家税务总局共同发布了的《国家产业技术政策》(工信部联科〔2009〕232号),其目的是调动社会资源,引导市场主体行为,指导产业技术发展方向,促进产业技术进步。《国家产业技术政策》以推进我国工业化和信息化为核心,提出了共七章、四十三条内容。

1.2.2 交通运输行业的技术政策

虽然我国多式联运的技术政策体系尚未建立,但是公路、水路、铁路等单一运输方式的技术政策均已出台,并且对多式联运方面的内容有所涉及。

我国交通部门分别于1985年和1997年发布了公路水路行业技术政策,从实施情况来看,大部分内容已得到较好落实,推动了先进、成熟、适用技术的广泛应用,促进了技术更新换代,提高了交通运输行业发展质量效益,有力地支撑了公路水路交通的快速发展。为适应交通运输新形势,2012年,交通运输部启动了行业技术政策的修订和完善工作,并于2014年颁布了修订后的《公路水路交通运输主要技术政策》(交科技发〔2014〕165号)。《公路水路交通运输主要技术政策》定位为交通运输行业技术纲领性文件,注重总结公路水路行业技术政策,兼顾产业政策,更加体现技术性和专业性,体系框架分为技术领域、专业方向、技术环节、主要技术4个层级,主要内容包括公路工程、水运工程、运输服务、城市交通、安全应急、节能环保和信息化 7 个领域,共计 70 项主要技术,涉及公路、桥梁、隧道、港口、航道、运输、城市交通、出租车、环保、清洁能源、信息服务等专业。其中,在运输服务领域,有专门涉及多式联运的相关内容。

> **《公路水路交通运输主要技术政策》关于多式联运的内容**
>
> 鼓励货物高效集约的联运组织,提高货物多式联运转运效率。发展滚装运输、集装箱联运等多式联运运输组织形式。鼓励发展货物跟踪技术应用和物流信息资源共享,支持发展货运物流转运过程中的多式联运作业无缝衔接和一体化运输组织。加强和规范联运单证、多式联运运输装备、装载单元、换装设备等方面标准制定,逐步实现"一单制"货物联运。

铁路方面,2013 年,铁道部发布了《铁路主要技术政策》(铁道部令第 34 号),作为铁路部门编制和修订有关规划、规章、规程、规范、标准等的主要依据,全文分 11 章共 68 条。《铁路主要技术政策》提出铁路技术发展的总目标是实现铁路现代化。技术发展方向是:旅客运输高速化、快速化,货物运输重载化、快捷化,运营管理信息化,安全装备系统化,工程建设现代化,经营管理科学化。其中,铁路运输部分提出以下内容。

(1)发展货运系列产品。优先发展集装箱运输,大力提升集装箱运输比例;发展适应高附加值货物运输的不同速度等级的快捷货运产品;发展适应大宗货物运输的重载、直达货运产品;发展特种货物运输。

(2)大力发展现代物流业。统筹优化铁路货运设施分工和布局,形成覆盖全面、层次清晰、功能完善的铁路物流中心网络,拓展"门到门"服务,提升货运物流化管理及服务水平。

针对重点行业和关键领域,我国还发布了《高新技术政策》《中国节能技术政策大纲》《中国资源综合利用技术政策大纲》《当前优先发展的高技术产业化重点领域指南》《小城镇建设技术政策》《建筑节能技术政策》《煤炭工业技术政策》《城市生活垃圾处理及污染防治技术政策》《电动汽车动力蓄电池回收利用技术政策》以及生态环境部发布的一系列污染物防治技术政策等。

总结来看,现有的技术政策具有以下特点:一是专注技术进步,具有明确的技术发展引导方向;二是涵盖技术领域全要素,具有一定的综合性;三是技术政策的主要内容一般包括技术发展方向引导、技术创新体系构建、政策激励与保障措施等方面;四是技术政策大多以规范性文件形式发布,文体类似指导意见。总之,其他行业和领域形成了形式多样、层次不同的技术政策,很好地推动了相应行业的技术进步和产业升级。这些技术政策可以为确定多式联运技术政策的内容、框架和形式提供很好的借鉴,同时也为规范性多式联运技术政策的颁布提供了依据。

1.3 多式联运及多式联运技术政策框架

1.3.1 多式联运

多式联运作为集约高效的现代化运输组织模式,产生于1960年前后,并在1980年后随着集装箱技术的成熟开始快速发展。欧美发达国家自20世纪80年代以来,通过各种政策措施大力发展多式联运,尤其是跨入21世纪后,均把多式联运作为交通运输系统优化的主导战略,目前已经形成了形式多样、设施装备先进、标准体系完善、运输组织顺畅、政策保障有力的多式联运推进体系,多式联运比例不断增长且发展势头强劲。

1.3.1.1 多式联运的概念

多式联运(Multimodal Transport 或 Intermodal Transport)起源于20世纪60年代的美国。在发展初期,凡是经由两种及以上运输方式的联合运输均被称为多式联运。后来,随着技术的不断进步和形式的日趋多样,各国对于多式联运概念和内涵的界定也有所不同,但近年国际上逐渐呈现统一的趋势,即把 Multimodal Transport 和 Intermodal Transport 两个概念加以区别,前者可视为广义的多式联运,后者则被视为更加严格意义的多式联运,且成为各国发展的重点。

(1)欧洲。

2001年,欧盟发布了《组合运输术语》(Terminology on Combined Transport),对相关概念做了统一规范。从外延自大到小看,共涉及以下三个基本概念。

①复合运输(Multimodal Transport),泛指"以两种及以上运输方式完成的货物运输形式"。

②多式联运(Intermodal Transport),特指"货物全程由一种且不变的运载单元或道路车辆装载,通过两种及以上运输方式无缝接续、且在更换运输方式过程中不发生对货物本身操作的一种货物运输形式"。

③组合运输(Combined Transport),指 Intermodal Transport 中"全程仅使用一种标准化运载单元"的特定形式。其中,标准化运载单元在欧盟国家有三种,即国际集装箱、可

脱卸箱体(swap-body)、厢式半挂车(semi-trailer)。

上述三个基本概念中,①包含了②,②又包含了③;反过来,③是②的特定形式,②则是①的特定形式。

(2)美国。

美国运输统计局和运输研究委员会在其专业术语词典中,把 Multimodal Transportation 和 Intermodal Transportation 基本等同。但在美国许多研究报告中,前者更多泛指多种运输方式之间的组合,而后者则侧重于针对标准化运载单元的多种运输方式之间的快速转运,这与欧洲有关多式联运的概念界定趋向一致。尤其是近年来,美国官方的表述越来越趋同于欧盟的术语规范。

(3)中国。

《货物多式联运术语》(JT/T 1092—2016)对"多式联运"的定义为:"货物由一种且不变的运载单元装载,相继以两种及以上运输方式运输,并且在转换运输方式的过程中不对货物本身进行操作的运输形式。"

《物流术语》(GB/T 18354—2021)将"多式联运"定义为:"货物由一种运载单元装载,通过两种或两种以上运输方式连续运输,并进行相关运输物流辅助作业的运输活动。"相比于早期对多式联运的理解与定义,这个定义与欧盟的术语规范趋向一致。

参照国际惯例,尤其是欧盟标准术语,多式联运是指依托两种及以上不同运输方式,通过使用标准化运载单元或者货运车辆,且在运输方式转换过程中不发生对货物本身的操作,由多式联运经营人全程组织将货物从接收地运送至目的地并交付收货人的运输服务。在欧美国家,多式联运通常被视为一个整合各种运输资源、实现"门到门"一体化服务的管理、技术和组织系统。

1.3.1.2 多式联运的内涵

尽管各国存在不同的术语定义,但在多式联运内涵的把握上,主要包括以下三点:

(1)货物经由两种或者两种以上的运输方式运输;

(2)全程使用同一种标准化运载工具(集装箱、半挂车、可拆卸箱体(swap-body)或货车整车),在运输方式转换过程中仅对此运载工具进行换装转运,但不对货物本身进行集拼或倒载;

(3)由一个多式联运经营人一票到底、全程负责。

只有同时满足上述三个条件,方为严格意义上的多式联运。由于我国现阶段尚难以实现"一票到底",因此,现有国内多式联运业态大多为广义上的协作式多式联运或者联合运输(Multimodal Transport)。

1.3.1.3 多式联运组织要素

无论是广义还是狭义的多式联运,均需要以下生产要素来支撑其运作。

(1)多式联运经营人。

多式联运经营人是指与托运人签订多式联运合同并对运输过程承担全部责任的合同主体。国际多式联运活动中,只有多式联运经营人才有权签发多式联运提单,并且负责赔偿在整个联合运输过程中任何地方所发生的货物灭失或者损坏。由于国内运输并没有"多式联运提单"的概念,因此,内贸多式联运并不需要严格意义上的多式联运经营人。多式联运经营人主要集中在外贸多式联运领域,并且主要是国际集装箱多式联运。

(2)多式联运承运人。

多式联运承运人是指以运送货物或者组织货物或承诺运送货物为主营业务并收取运费的人。多式联运承运人又可以分为实际承运人和缔约承运人,其中,实际承运人是指实际从事货物运输或者部分运输的承运人;缔约承运人是指以明示或者默示方式承担运输责任的承运人,如无船承运人、无车承运人。

(3)多式联运规则。

多式联运规则是关于多式联运中的货物运输组织与管理、参与人的权利和义务、经营人的赔偿责任及期间、定价机制和违约处理、运输单证的内容和法律效力等方面的协议、标准或规范。多式联运规则是多式联运运作的核心。

(4)多式联运站场。

多式联运站场是货物在各种运输方式之间转运的实际发生地。多式联运站场既可以是铁路集装箱中心站、港口码头、公路货运站,也可以依托堆场或者仓库等设施。

(5)标准化运载单元。

标准化运载单元主要指国际标准集装箱、可脱卸箱体(swap-body)、厢式半挂车(semi-trailer),也包括物流台车(笼车)、集装袋等。

(6)多式联运专用载运机具。

多式联运专用载运机具主要包括铁路集装箱平车、厢式半挂车平车;整车货车或半挂车专用滚装船舶;铁路商品车运输专用车辆;公铁两用半挂车及其转换架等。

(7)多式联运转运设施和装备。

多式联运转运设施和装备是实现多式联运运作机械化的重要条件。实现高效的多式联运所必需的转运设施装备包括但不限于:门式起重机、桥吊、集装箱堆高机、叉车、托盘等。

(8)多式联运信息系统。

跨运输方式的信息交换共享和互联互通是多式联运运作的重要基础条件。通过多式联运信息系统,可以实现货物跨运输方式、全程的实时追踪和在线查询。

1.3.1.4 多式联运的主要形式

从不同运输方式的组合来看,多式联运可分为公铁联运、公水联运、铁水联运(包括海铁联运)、空陆(主要是公路)联运以及公铁水空复合式联运等。从国外实践看,公铁联运是主要的联运形式,如美国的公铁联运占据联运市场一半以上份额(图1-1)。

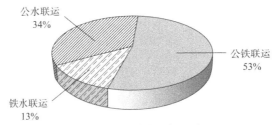

a) 美国各种联运方式的货运量占比

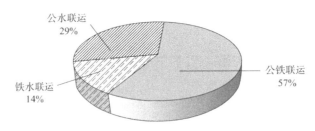

b) 美国各种联运方式的货物周转量占比

图1-1 美国主要多式联运方式的市场份额

从使用的联运运载工具看,多式联运可分为集装箱多式联运(箱驮运输,欧洲还包括可拆卸箱体)、半挂车多式联运(如铁路驮背运输、半挂车滚装运输)、货车整车多式联运(公铁滚装运输,即卡车直接开上铁路进行联运)等。其中,以集装箱多式联运为绝对主体(图1-2)。

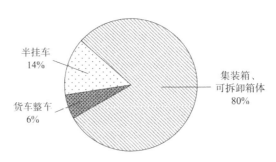

图1-2 欧美公铁联运各运载单元市场份额

从辐射影响的范围看,多式联运可分为国际多式联运和国内多式联运(内陆多式联运)。国际多式联运主要服务于外贸运输,其以海运为骨干、国际铁路和空运为辅助;国内多式联运主要服务于内贸运输,其以铁路为骨干,沿海和内河水运、空运为辅助。

从运输的货物类别看,多式联运可分为普通货物多式联运和特种货物多式联运,后者包括液化品、危险品、冷藏、商品车等多式联运。

从中转换装形式看,多式联运可分为滚装联运、吊装联运、平移换装联运、公铁两用挂车甩挂运输等。

1.3.2 多式联运的主要特征

多式联运的本质是跨运输方式无缝衔接、便捷换装、快速转运,提供全程"门到门"经济高效的货物运输服务。

多式联运的基本特征可概括为4个"跨"和6个"一",即:跨方式(涉及两种及以上运输方式)、跨部门(涉及交通运输、发展改革、工业和信息化、商务、海关、检验检疫、口岸等行业相关部门)、跨区域(涉及跨区域长途货运)、跨边境(涉及国际多式联运);一次托运(一个多式联运经营人)、一单到底(一份多式联运单证)、一个费率、一次保险、一个标准化运载工具、一体化全程运输组织。

多式联运具有重构产业链的功能特点。一方面,多式联运具有接通产业链的基本功能,即将传统分方式、分环节的运输过程有机串接起来,无缝化畅通运输组织链条;另一方面,多式联运又具有延伸产业链的强大功能,引领带动综合交通运输、物流、商贸流通、装备制造、信息技术、金融保险、现代服务业等上下游、前后向关联产业发展,促进价值链创新、供应链优化和产业链重构。多式联运是综合交通运输体系建设的重要抓手和突破口,是现代物流高效运作的基础条件,是商贸流通业健康发展的依托载体,是装备制造业、金融保险业创新发展的新引擎,是移动互联网、物联网等新一代信息技术广泛应用的重点领域之一,具有产业链条长、开放共享程度高、资源整合能力强、降本增效作用大、绿色发展效应好等特点。

1.3.3 多式联运的发展定位

(1)多式联运在经济社会中的发展定位。

运输与物流是国民经济的命脉,是经济社会赖以发展的必要条件和先行产业。多式联运作为运输与物流的集约高效组织形态,其对经济社会的贡献主要来自通过将公路长途货运转向更经济、更环保的铁路运输和水路运输,优化了运输结构,实现了降本增效,促进了节能减排,同时带动资源要素跨区域快速流动,支撑国内产业有序转移和国际产能广泛合作,从而提升经济整体竞争力。

(2)多式联运在产业链中的发展定位。

多式联运通过设施无缝化、装备标准化、服务一体化、信息交互化、资源共享化的"门到门"业务流程再造,可有效推进物流、商流、信息流、资金流"四流合一",促进综合交通运输、物流、商贸流通、装备制造、信息技术、金融保险、现代服务业等关联产业的多业联动及跨界融合,引领研发、生产、服务和商业模式创新,提升传统产业集群,培育新的产业集群,推动产业链重构,提高全要素生产率。

(3)多式联运在物流业中的发展定位。

多式联运是集约高效的货物运输组织系统,是现代物流发展的重要基础和载体。物流业是一个复合型产业,涉及产业布局、平台搭建、服务组织等多个层级,政府的职责在于强化产业政策引导支持、搭建公共运输服务平台,为市场各种形态的物流服务组织营造良好发展环境。多式联运正是搭建公共运输服务平台的主要内容,是政府职能的重要体现,目的是为物流业的各种市场化运作开辟新的发展空间。

(4)多式联运在综合交通运输中的发展定位。

多式联运是综合交通运输的重要组成部分,是综合交通运输体系建设的出发点、着力点和落脚点。国际上较少使用"综合交通运输"这个概念,更多使用"多式联运"这个术语,借助多式联运解决不同运输方式间的衔接协调和标准对接问题。多式联运作为主要抓手和重要突破口,是推进综合交通运输体系建设的主要路径。

1.3.4　多式联运技术政策的重要意义

制定多式联运技术政策是统领我国多式联运发展的先行环节。我国多式联运发展正迎来腾飞起速的战略机遇期,企业也紧抓历史机遇,积极开展多式联运的探索和实践。但是,由于我国多式联运技术政策目前尚属空白,使得企业的探索和实践往往面临着方向不清、路径不明、标准规范缺失等许多困难,亟待政府发挥引导作用,统筹制定出台多式联运发展的技术指导性政策、组织政策和激励政策。多式联运是我国交通运输行业当前及未来一段时间内发展速度快、技术要求高的重点领域。发展多式联运首先需要完善系统的技术政策,紧跟世界先进技术发展潮流,明确应推广、鼓励和限制的主要技术,才能更好地引导和支撑多式联运的发展。因此,完善多式联运技术政策应成为统领我国多式联运发展的先行环节,从而为加快发展多式联运提供坚实的技术支撑和创新引领。

（1）系统推进多式联运全面发展的重要前提。

多式联运本质上属于一种先进的运输生产组织方式，因此，推进多式联运发展首先是技术进步问题，涉及基础设施、运输组织、技术装备、标准规范、信息化与智能化等方方面面的技术创新，领域广、链条长、技术要求高，而且跨部门、跨方式、跨区域的协调难度较大。因此，推进多式联运发展首先需要系统谋划技术进步引导政策，指明发展方向和重点环节，明确重点内容和组织、激励措施。

（2）引导市场主体技术创新的重要手段。

企业是多式联运实践和创新的主体。多式联运技术政策将统筹发挥政府和市场的作用，充分发挥企业在技术创新中的核心作用，同时，通过各种政府调控手段，推广先进的成熟技术、鼓励发展具有潜力的技术、限制淘汰落后技术，引导市场主体行为使之符合经济与社会发展目标，促进多式联运技术进步，推动技术创新能力与产业技术水平的提高。

（3）系统强化多式联运顶层设计的重要基础。

尽管我国在多式联运物流园区的投资补助、集装箱海铁联运的技术改造等方面有一些扶持政策，但总体而言，国家层面促进多式联运发展政策的系统性、覆盖面和支持力度仍有很大的局限性，其根本原因在于很大程度上对多式联运发展的技术方向和推进路径整体把握不足、思路尚未理清。本研究将学习和借鉴欧美国家在推进多式联运发展中的系统政策经验，以技术政策率先突破为基础，逐步完善法规支持、规划引导、财政补贴、税费优惠等政策体系，推动形成国家层面对发展多式联运的公共政策的顶层设计。

1.3.5 多式联运技术政策框架

从多式联运的运作要求来看，多式联运技术政策应涵盖基础设施、运输装备、运输组织、标准规范、信息化与智能化、安全与绿色等（图1-3）。

（1）基础设施。

多式联运基础设施由多式联运通道和节点组成。多式联运通道主要是指各种运输方式线网，公路、铁路、水路、航空等基础设施供给能力能够满足多式联运的要求，同时发挥各自的比较优势，经济便捷地实现货物的空间位移。多式联运枢纽站场是货物运载单元在各种运输方式之间转运的实际发生地，是影响联运运作效率的重要节点，也是多式联运要素资源相对集中的地区，既可以是铁路集装箱中心站、港口码头、公路货运站，也可以是堆场或者仓库。

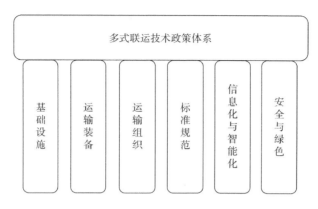

图1-3　多式联运技术政策体系

（2）运输装备。

多式联运装备可以划分为运载工具（运输工具）、装载单元（运载单元）、换装设备（转运设施）三大类型。运载工具主要是指运输标准化运载单元的专用工具，主要包括铁路集装箱平车、厢式半挂车平车；整车货车或半挂车专用滚装船舶；铁路商品车运输专用车辆；公铁两用半挂车及其转换架等。装载单元是指可以在不同运输方式之间实现快速装卸和转换的标准化储运器具，包括但不限于集装箱、交换箱、半挂车、厢式货车整车等。换装设备是对标准化运载单元进行装卸的机械设备，从而实现运输方式的快速转换，包括但不限于：门式起重机、桥吊、集装箱堆高机、叉车、托盘等。

（3）运输组织。

运输组织是指以多种运输方式运送货物的具体组织形式。根据货物的特点和运输要求以及各种运输方式的技术经济特征，发挥各种运输方式的比较优势，采用合理的多式联运组织方式，实现货物的集约高效经济运输。如在欧美国家，滚装、驮背、空陆联运等各种模式蓬勃发展，使得运输效率得到了大大提升。

（4）标准规范。

实现多式联运需要各种运输方式硬件和软件的相互配合和协调，因此，统一的标准规范便成为决定多式联运效率的基础和前提。多式联运标准规范不仅包括装备、车辆、运载单元等硬件参数的衔接，还包括货物运输组织与管理、参与人的权利和义务、经营人的赔偿责任及期间、定价机制和违约处理、运输单证的内容和法律效力等方面的协议、标准或规范。

（5）信息化与智能化。

多式联运对运作过程中的数据和信息要求比较高，而现代信息技术的发展则为多式联运推动信息化和智能化发展提供了技术条件。多式联运的参与者较多,从内陆的货代、船代、铁路运输部门,到沿海的港口、船公司、多式联运经营人和国际货运代理人,众多主体之间的信息传递离不开现代信息技术和信息系统,信息资源的自动化程度和共享化水平很大程度上决定了多式联运的效率。随着多式联运运量的增长,则需完成数据采集的自动化和信息传输的自动化。因此,在多式联运相关硬件建设的同时,建立统一的、符合国际惯例的信息管理操作规范流程和数据交换标准,是提升多式联运运作效率的关键举措。

(6)安全和绿色。

安全和绿色是多式联运的内在要求。通过货物的多式联运,实现长途公路运输向铁路运输和水路运输转移,不仅能够实现结构性节能减排,而且能够提高全社会运输的安全性水平。同时,多式联运也是交通运输实现节能减排和平安交通发展的重要途径,有必要推动绿色环保技术和安全应用技术,提高多式联运发展的安全性和绿色化发展水平。

第 2 章
我国多式联运技术发展现状及问题

2.1 我国多式联运的总体发展现状

近年来,随着各种运输方式基础设施的不断完善以及交通运输大部制改革取得重要进展,多式联运快速发展已经具备了一定的基础条件,各方面的共识进一步凝聚。各地纷纷开展了多式联运的相关实践探索,6 条铁水联运示范通道建设、中欧班列、铁路集装箱五定班列、铁路快运专线、高铁快递、电商专列、空陆联运、多式联运示范工程创建等取得积极成效,但也面临一系列的瓶颈制约如设施装备、技术标准、法规政策方面不衔接、不一致甚至相互冲突等,具体表现如下。

(1) 多式联运运量规模快速增长。

最具代表性的是集装箱铁水联运和中欧(亚)国际班列的快速发展。从铁水联运看,2011 年交通运输部与铁道部携手加快推进并启动 6 条示范通道建设,2011—2012 年呈现快速增长态势,虽然 2013 年受铁路调价等多种因素影响短暂回落,但随着铁路货运改革力度加大及相关优惠措施的出台,又持续回升向好。2023 年,全国港口集装箱铁水联运量累计完成超 1170 万 TEU,同比增长 11.7%,其中,沿海港口集装箱铁水联运量完成约 1100 万 TEU,长江、珠江等内河港口铁水联运量约为 72 万 TEU。

中欧(亚)集装箱国际班列是近年我国多式联运发展的一个亮点,呈现突飞猛进态势。自 2011 年 3 月首列中欧班列"渝新欧"成功开行以来,蓉欧快铁、郑新欧、汉新欧、义新欧、营满欧等十多条中欧班列相继开通,如图 2-1 所示。截至 2023 年底,中欧班列累计开行 8.2 万列,运行线路达 86 条,国内开通城市达到 91 个,通达欧洲 25 个国家的 217 个城市,物流服务网络覆盖亚欧大陆全境。开行十年间,班次从第 1 列到 500 列历时 4 年;从 501 列到 1000 列历时 7 个月;从 1001 列到 1500 列仅用时 5 个月;

随后两年时间即从1501列达到10000列;2020年的年度开行量首次突破"万列"大关。2014年实现回程班列零突破,2023年回程班列达到去程的81.5%,如图2-1所示。

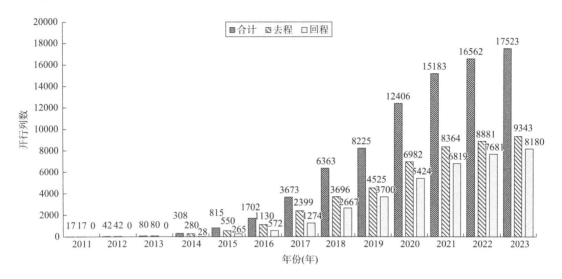

图 2-1　2011—2023 年中欧(亚)班列开行列数情况

(2) 多种联运发展形式不断创新。

① 公铁联运快速发展。

随着铁路货运改革加快推进,"铁老大"放下身段积极拓展接取送达"门到门"服务,公铁联运呈现出历史上少有的快速发展态势。郑州铁路局通过内部挖潜和对外合作,积极发展"门到门"公铁联运服务,郑州铁路莆田站已变身为集发送中欧班列、特需班列、铁海联运、零散"白货"于一体的综合型货运站。武汉铁路局汉西车务段与快货运平台通过战略合作,依托互联网+技术优势,积极破解公铁联运"最后一公里"难题,实现了公铁联运中公路铁路的无缝衔接。

② 铁水(海铁)联运加快拓展。

我国港口集装箱吞吐量多年来持续高居全球之首,以沿海港口为枢纽的集装箱铁水联运班列覆盖范围逐步扩大、运行稳定性不断增强,"五定"班列数量大幅增加。宁波-舟山港2009年正式开展海铁联运,呈"低基数、高增长"态势快速发展,截至2023年底,其海铁联运班列25条,业务覆盖全国16个省(自治区、直辖市)、65个地级市,2023年完成海铁联运量超过165.2万TEU,年均增长率达65.43%。

③ 江海联运稳步推进。

武汉港开通了武汉至上海洋山的江海直达航线,实现了"天天班",成为长江黄金水道货物运输的精品航线;宁波-舟山港着力推进江海联运服务中心建设,2023 年,浙江省完成江海联运量3.9亿t,增长5%,其中舟山贡献超八成,共完成江海联运量3.21亿t,增长6.6%。截至2023年底,舟山港已与长江沿线30多个港口达成合作,形成了巩固长江下游、拓展长江中游、辐射川渝地区的物流网络,最远已达重庆万州,并打造了全国首支同时也是全国规模最大的江海直达船队,舟山江海直达船队总运力扩大至14艘18.6万t,长江中游直达航线扩大到7条,其中直达准班轮航线2条,已成为长江经济带大宗商品"通江达海"的重要新生力量。

④空陆联运加快发展。

空港经济、快递物流及跨境电商的迅速发展,带动空陆接驳联运开始起步并加快发展。以郑州为例,随着郑州航空港经济综合实验区的加快建设,机场货邮吞吐量快速增长,2023年郑州机场年货邮吞吐量突破60万t,同比下降2.7%左右,货运规模连续四年位居全国第6位、跻身全球前40强;国际地区货邮吞吐量突破38万t,以郑州机场为中心的卡车航班辐射北京、天津、上海、西安、重庆、太原、石家庄、武汉等全国90余个城市,全年通过空陆联运、空空中转集疏的航空货物超过45万t。

(3)多式联运市场主体加快成长。

①从事全程运输服务的多式联运经营人开始涌现。

为优化全程物流服务链条,提高市场竞争力,不同运输方式的企业以资本为纽带成立实体经营主体,打造利益共同体。如辽宁沈哈红运物流有限公司由辽宁红运物流集团、沈阳铁路局、哈尔滨铁路局与营口港集团合资组建,公司具备整体协调公路、铁路、水路等实体承运人的能力,将港口装卸、铁路运输、铁路场站、内陆物流设施和公路集卡车运输资源整合,保障货源稳定、充足,为客户提供一口定价、一票结算、全程负责的"门到门"多式联运物流服务。

②跨运输方式协同协作日益广泛。

不同运输方式经营企业围绕开发多式联运服务品牌,组建各种形式的合作联盟。如2013年8月,郑州铁路局营销中心与郑州交通运输集团有限责任公司签订了战略合作框架协议,双方在公铁联运、城市配送、网络建设、快件运输等7个方面展开业务合作,范围覆盖全路局所有铁路货运站点,成为全国最大规模、最为紧密的公铁联运合作项目。2014年12月,大连集益物流有限公司与沈阳铁路局大连货运中心共同签署战略合作协议,标志着铁路货物快运模式率先在大连港建立并运行,已开通20余条集装箱铁水联运重点班列线路,业务覆盖沈哈铁路两局50余个内陆站点,班列密度达到每周70余班,构建和形成了以大连为转运中心的"中韩俄"国际物流大通道。大连港集发物流有限责任公司与中铁联集合资建设大连铁路集装箱中心站,是我国最早实现与港口无缝衔接的铁路集装箱中心站,并通过直接投资、合作运营等多种方式,强化内陆物流通道体系建设力度,已形成区域物流中心、合作场站及站点的海铁联运网络布局,主要班列线路40余条,覆盖东北主要内陆站点50余个,每周到发80余班,打造了覆盖东北全域以及蒙东地区的物流大通道。2023 年,辽宁省完成集装箱海铁联运量159 万 TEU。

③大型货运(物流)企业加快向多式联运经营人转型。

中国远洋海运集团加强与上海、沈阳、南昌、成都等铁路局以及国外铁路运营商等合作,从国际、国内各区域层次,打造通道化、枢纽化物流网络,拓展多式联运与配套物流服务。浙江铁达物流有限公司与上海铁路局宁波车务段签订协议,开展台州-宁波集装箱铁水联运线路经营。这些转型发展都将原本分散的市场资源统一在一个运营主体下,不仅解决了货物运输全链条衔接问题,也促进了多式联运经营人的成长。

(4)信息资源互联共享有所突破。

①以联运服务为主的物流信息平台(系统)逐步增多。

各地有关部门、各市场主体积极探索完善多式联运运营组织信息交互共享新模式,推动具有多式联运功能的信息平台建设。目前,这些平台大多基于企业多式联运业务建设,可为企业业务发展提供信息化支撑,也可为供应链上下游企业提供相关物流信息服务,逐步实现班轮/班列运行时刻、运价、联运货物动态、订舱/请车、港口/车站业务、口岸监管等数据查询、业务办理等服务。

②海关、商检、铁路等部门信息对外开放程度不断提高。

随着国家"三互(信息互换、监管互认、执法互助)、三个一(一次申报、一次查验、一次放行)"工程、"大通关(提高口岸工作效率工程的简称)"实施以及铁路市场化进程不断加快,跨部门的信息共享互通取得明显进展。以连云港港为例,率先开发并成功上线了集装箱海铁联运物联网应用系统,是我国首个且唯一与铁路实现全面数据交换的港口,基本实现了班列集装箱在途信息的动态跟踪和查询,请车、装卸车作业的电子化等,提高了港口铁路箱操作的计划性,同时,建立将货主、船东代理、海关、商检及边检、海事等联为一体的40多个大型信息系统,提供开放式、一体化多式联运信息服务。

③第三方信息服务商整合信息资源模式初见成效。

国家交通运输物流公共信息平台正在积极开展多式联运信息整合和服务工作,逐步探索以第三方信息服务商为各参与主体提供信息"交换枢纽"服务、实现企业间信息资源互联互通的模式,为未来多式联运信息服务商的合作机制和运营模式做了有益探索。如浙江省域范围内物流企业、上海铁路局、宁波港通过该平台可实现多式联运信息的互联互通,可实现浙江省域内公铁水之间日计划需求报文、日计划需求批复确定报文、运单报文、货票报文、回执反馈报文等信息的交换和传输,基本实现单据查询、车皮申请、货物跟踪等货运物流服务信息的互联和共享,通过该项目可以直接获取在途信息,即时跟踪全程状态,如图2-2所示。

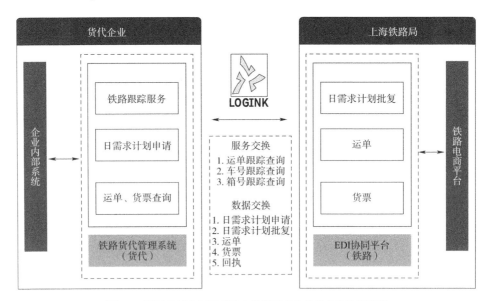

图2-2 浙江省域内以国家平台为依托各方信息交换共享情况

④先进信息化技术应用日益广泛。

电子监控、信息采集以及车联网、船联网等先进技术加快应用,如云南腾俊物流公司通过云服务平台与多式联运信息系统的整合,将云计算和大数据应用到多式联运运输组织中,提供货源配比、数据采集和运载工具调度等精确支撑,助推多式联运精细化、透明化管理和服务水平的不断提升。中铁联集青岛分公司积极推进卡口智能监控系统、集拼管理系统、智能箱位识别系统等建设,提升多式联运服务质量。连云港港首次提出将电子标签技术与数据交换技术相结合,实现联运信息采集与跟踪,提高集装箱运输的透明度和安全性。

(5)多式联运基础条件大为改善。

①网络布局与结构不断优化。

经过多年大规模建设,我国高速公路、铁路干线、内河航道、沿海港口、航空机场等主要运输通道和港站能力基本形成,特别是依托"五纵五横"综合运输大通道等,构成了多式联运通道的主骨架。"十四五"期间,我国交通运输基础设施网络日趋完善,"十纵十横"综合运输大通道基本贯通,"八纵八横"高铁网加密形成,高速公路、现代化港口的加快建设,大大改善了多式联运的基础设施条件。港站枢纽集疏运系统也得到长足发展,上海加快芦潮港铁路中心站建设升级,启用铁水联运专用堆场;广西推动港口集疏运铁路建设;北部湾港三大港区均已实现铁路进港,推动铁水联运一体化运行。

②装备技术水平不断提升。

铁路、公路运输企业均将集装箱运输作为重点发展方向,积极推进装备升级改造。一些专业化多式联运装备,如冷藏箱、挂衣箱、开顶箱以及铁路平车、港内转运系统、汽车转运架等不断创新研制和推广应用(图2-3)。如大连港依托创新研发的铁路专用车体和汽车转运架,打造商品汽车铁水联运新模式;为推进集装箱运输,中铁联集先后研发了35t敞顶集装箱和1.5t小型箱,满足零散白货"门到门"运输需求;成都国际陆港正积极探索53ft内陆箱在特定通道中的应用。

a) 挂衣箱　　　　　　　b) 铁路专用车体(JSQ6)　　　　　c) 冷藏箱(BX1K)

图2-3　各地创新研发多式联运载运、中转转运专业化联运设备

(6)多式联运标准规范加快建设。

据统计,交通运输部门已制定出台的多式联运相关标准共计27项,包括空陆水(联运)通用集装箱技术条件和试验方法、不同运输方式统计信息交换格式、运输货物分类和代码、半挂车通用技术条件等。除了交通运输行业外,其他行业相关标委会制定的多式联运标准共16项,包括《国际货运代理海铁联运作业规范》(GB/T 38709—2020)、《多式联运服务质量要求》(GB/T 24360—2009)、《国际集装箱货运交接方式代码》(GB/T 15419—2008)、《托盘单元货载》(GB/T 16470—2008)等。2015年,交通运输部成立了综合交通运输标准化技术委员会,下设有多式联运工作组,发布了标准体系表和推进工作计划,目前已开展了多式联运术语、多式联运运载单元标识、综合货运枢纽分类与基本要求等基础性标准的研究工作。

(7)支撑经济社会发展作用显著。

①对于降低物流成本起到了直接的促进作用。

欧美国家实践表明,长途货运更多采用多式联运取代单一公路运输,可提高运输效率30%左右、减少货损货差10%左右、降低运输成本20%左右、减少高速公路交通拥堵50%以上、促进节能减排1/3以上。从调研情况看,我国多式联运平均运输成本低于单一公路运输约36%。以"营满欧"为例,据测算,珠三角地区单个集装箱货物通过海铁联运方式经营口港至满洲里,要比"直铁"运输方式节省运费8000元,长三角地区则可节省5000元,而运输时效差别不大;经满洲里出境到达俄罗斯,进而辐射至欧洲各地,最远运输里程12000km,国内运输只需要24h,全程运输也仅需要12天。

②社会效益也非常显著。

"十三五"期间,我国通过发展多式联运,提高了运输资源综合利用率1/3左右,为经济增长贡献1个百分点左右,并推动形成商流、物流、信息流、资金流"四流"合一的产业集群。由于铁路、水路相比公路货运更具有节能环保优势,发展公铁、铁水联运替代公路长途货运,可取得良好的节能减排效益。

2.2 我国多式联运技术发展现状

2.2.1 基础设施

(1)多式联运通道。

我国并没有规划和建设专门的多式联运通道,多式联运主要以物流大通道、综合运输通道和单一运输方式通道为依托。根据《推进物流大通道行动计划(2016—2020)》,2020年前重点推进11条国内物流大通道的建设,主要承担国内主要经济区域间长距离、大运量、多方式的货运物流功能。

根据2017年《"十三五"现代综合交通运输体系发展规划》(国发〔2017〕11号)建设的"十纵十横"综合交通运输大通道基本贯通,全国主通道作用日益显现。高速公路网主干线基本贯通,农村公路覆盖面明显扩大。"四纵四横"高铁网全面建成,"八纵八横"高铁网正加密成型。"两横一纵两网"内河高等级航道基本建成,2021年《国家综合立体交通网规划纲要》提出了"四纵四横两网"国家高等级航道布局;京津冀、长三角、粤港澳大湾区、成渝四大世界级机场群初具雏形。

(2)多式联运枢纽。

我国目前没有明确的"多式联运枢纽"的定义。根据2013年发布的《全国物流园区发展规划(2013—2020年)》,我国的物流园区主要分为:货运枢纽型物流园区、商贸服务型物流园区、生产服务型物流园区、口岸服务型物流园区和综合服务型物流园区。根据中国物流与采购联合会发布的《第六次全国物流园区(基地)调查报告》,截至2021年底,全国包括运营、在建和规划的各类物流园区共计2553家。以"5km内具有铁路货运场站、港口以及机场设施的物流园区"认为具有多式联运能力,5km内能够实现公铁联运的物流园区占到了34.5%,5km内能够实现铁水联运的物流园区为13.7%,5.9%的园区紧邻机场。2016年进行的多式联运枢纽布局优化专题函调问卷,共涉及多式联运枢纽项目93个,项目类型以具备多式联运功能的公路货运枢纽最多,铁路主导型其次,然后是港口主导型,航空主导型最少(图2-4)。多式联运枢纽的货类以大宗散货为主,其次为集装箱和件杂货。

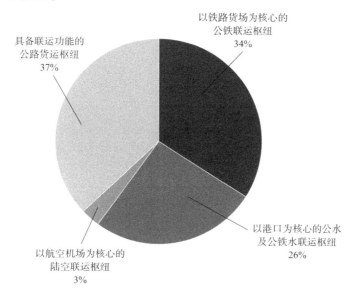

图2-4　多式联运枢纽的项目类型

2.2.2　运输装备

(1)多式联运运载单元。

运载单元是指可以在不同运输方式之间实现快速装卸和转换的标准化储运器具,包括但不限于集装箱、交换箱、半挂车、厢式货车整车等。

我国的多式联运运载单元主要是国际标准集装箱,特别是在海铁联运领域。国际标准集装箱是根据国际标准化组织(International Organization for Standardization,ISO)第104技术委员会制定的国际标准来建造和使用。我国《系列1集装箱　分类、尺寸和额定质量》(GB/T 1413—2023)规定了集装箱的分类、外部与内部尺寸以及额定总质量,见表2-1。其中20ft以及40ftTEU在公路以及海运方面得到了广泛的应用,铁路方面也在进行大力推广。《系列2集装箱　分类、尺寸和额定质量》(GB/T 35201—2017)规定了适用于我国内贸运输的集装箱分类、内外部尺寸,见表2-2。系列2集装箱运输是我国公路运输和铁路运输中最主要的运输方式,有力实现内陆集装箱的多式联运。

ISO 系列各型号集装箱尺寸(国际标准)　　　　　　　　　　　　　　　　表 2-1

集装箱型号	公称长度(ft)	外部尺寸			最小内部尺寸			最小门框开口尺寸		额定总质量(kg)
		长度(m)	宽度(m)	高度(m)	高度(m)	宽度(m)	长度(m)	高度(m)	宽度(m)	
1EEE	45	13.716	2.438	2.896	2.655	2.330	13.542	2.566	2.286	30480
1EE				2.591	2.35			2.261		
1AAA	40	12.192	2.438	2.896	2.655	2.330	11.998	2.566	2.286	30480
1AA				2.591	2.35			2.261		
1A				2.438	2.197			2.134		
1AX				<2.438	<2.197	—	—	—	—	
1BBB	30	9.125	2.438	2.896	2.655	2.330	8.931	2.566	2.286	30480
1BB				2.591	2.35			2.261		
1B				2.438	2.197			2.134		
1BX				<2.438	<2.197	—	—	—	—	
1CC	20	6.058	2.438	2.591	2.35	2.330	5.867	2.261	2.286	30480
1C				2.438	2.197			2.134		
1CX				<2.438	<2.197	—	—	—	—	
1D	10	2.991	2.438	2.438	2.197	2.330	2.802	2.134	2.286	10160
1DX				<2.438	<2.197	—	—	—	—	

系列 2 各型号通用集装箱尺寸　　　　　　　　　　　　　　　　　　表 2-2

集装箱型号	公称长度(ft)	外部尺寸			最小内部尺寸			最小门框开口尺寸		额定总质量(kg)
		长度(m)	宽度(m)	高度(m)	高度(m)	宽度(m)	长度(m)	高度(m)	宽度(m)	
2EEE	45	13.716	2.438	2.896	2.655	2.435	13.542	2.566	2.398	35000
2EE				2.591	2.35			2.261		
2AAA	40	12.192	2.438	2.896	2.655	2.435	11.998	2.566	2.398	35000
2AA				2.591	2.35			2.261		
2A				2.438	2.197			2.134		
2BBB	30	9.125	2.438	2.896	2.655	2.435	8.931	2.566	2.398	35000
2BB				2.591	2.35			2.261		
2B				2.438	2.197			2.134		

续上表

集装箱型号	公称长度（ft）	外部尺寸			最小内部尺寸			最小门框开口尺寸		额定总质量（kg）
		长度（m）	宽度（m）	高度（m）	高度（m）	宽度（m）	长度（m）	高度（m）	宽度（m）	
2CCC	20	6.058	2.438	2.896	2.655	2.435	5.867	2.566	2.398	35000
2CC				2.591	2.35			2.261		
2C				2.438	2.197			2.134		

交换箱（Swap Body）在我国还没有得到普遍应用。半挂车（整车）由于标准不统一，不能上铁路。内贸箱主要在铁路系统内部使用，不能用于多式联运。除海运集装箱外，截止到2023年，铁路集装箱保有量107万TEU。

（2）多式联运运载工具（运输工具）。

运载工具（运输工具）包括但不限于道路运输车辆、集装箱车、铁路平车、（商品车、挂车）滚装船、全货机。其中，道路运输车辆既可以作为运载单元，也可以作为运输工具。

①道路运输车辆。

我国道路车辆标准体系比较健全，《汽车、挂车及汽车列车外廓尺寸、轴荷及质量限值》（GB 1589—2016）规定了半挂车的尺寸、质量限值，且该标准与《欧共体汽车标准法规》（EC 96/53）基本一致。由于车辆行业整体技术主要源自欧洲，中国车辆的通过性、安全性和稳定性等标准基本与欧洲接轨。截至2023年底，全国拥有公路营运汽车1222.08万辆，其中，载货汽车1166.66万辆、16967.33万t位。载货汽车中普通货车387.69万辆、4716.19万t位、专用货车63.64万辆、753.72万t位。集装箱公路运输车辆按其拖带挂车的方式不同，可分为半拖挂方式、全拖挂方式以及双联拖挂模式；按其挂车结构的不同，可分为骨架式、直梁平板式以及阶梯梁鹅颈式等。

根据《货运挂车系列型谱》（GB/T 6420—2017）的规定，集装箱卡车的最大载质量不超过45t，单轴最大载质量不超过12t，双联轴最大载质量不超过20t。按照国际标准，40ft集装箱最大额定质量为30.48t，那么，装载40ft集装箱的车辆其最大总质量在43~45t，基本上可以适合在我国二级公路上行驶。

②铁路平车。

在铁道部的标准体系中，中国有相对完善的铁路平车和限界标准。从参数来说，目前中国平车在轴重、轮距和限界等参数上与西欧标准相似。我国现有的铁路集装箱专用车辆型号有X6A型集装箱专用平车、X6B型集装箱专用平车、X6C型集装箱专用平车、NX17A 两用型平车、NX17B 两用型平车、X1K 型快运集装箱专用平车、X2H 和 X2K 型双层集装箱专用平车、NX70 型两用型平车、X4K 型快运集装箱专用平车、X6K 型快运集装箱专用平车。2021 年,全年共新投入集装箱平车 3.6 万辆,进一步提升铁路集装箱作业能力。

③(商品车、挂车)滚装船。

截至 2022 年底,全国水上运输船 12.19 万艘,净载重量 29775.81 万 t,集装箱箱位 298.72 万 TEU。我国水路滚装运输目前主要是客货混运,主要在渤海湾使用较多。

④全货机。

货运方面,我国最大的货运航空公司为顺丰速运(集团)有限公司,截至 2023 年 10 月底,顺丰航空拥有全货机 86 架,以 B757、B767 和 B737 机型为主,加上航空租赁飞机,总机数达 103 架,构建了以深圳为核心枢纽,向全国辐射的运输网络,全年累计发货量可达 210 万 t。然而,与美国货运巨头联邦快递相比,顺丰航空的货运规模仍然较小。我国尚无严格意义上的卡车航班,在全球航空货运枢纽中的布局和竞争力仍有待提升。

(3)多式联运换装设备(转运设施)。

多式联运换装设备(转运设施)可以分为基于 ISO 集装箱的转运设施、基于半挂车的转运设施以及集装化工具。我国的多式联运换装设备主要是基于 ISO 集装箱,目前,我国海铁联运换装设备主要包括岸边集装箱起重机(简称岸桥或桥吊)、集装箱跨运车、集装箱叉车、集装箱牵引车等。各种集装箱吊具品种齐全,并具有相应国家和行业标准。我国并没有基于半挂车(整车)的专用换装设备。

2.2.3 运输组织

目前,我国的多式联运仍处于起步阶段,严格意义上的"基于标准化运载单元实现快速转运"的多式联运仍相对较少,各种运输方式分段联合运输仍然是我国多式联运的主要形式。所谓联合运输,是指每种运输方式的承运人根据规章或约定协议完成自己区段的货运组织工作,并各自承担风险、分配利益,并不是严格意义上的运输组织一体化的多式联运。在我国各种运输方式的组织运输中,公路运输作为水路运输、铁路运输的主要集散方式,在公铁、公水的联合运输中发挥着主导作用。同时,随着我国外向型经济的发展,在沿海主要港口向内陆腹地范围扩展以及产业向中西部转移的时代背景下,集装箱运输逐步向"门到门"服务转变,海铁联合运输发展迅速。

(1)公铁联运。

我国的公铁联运高度依赖铁路部门,并不是严格意义上的公铁多式联运。随着铁路货运能力释放及市场化改革推进,铁路部门在推进公铁联运发展上做了一些积极的尝试。

①广泛开行集装箱五定班列。2016年调图后,全路集装箱班列超过130条,运量较大的集装箱海铁联运线路基本全部通过班列运输。

②加快发展货物快运业务。国内开通10列特快班列、36列快速班列、32列普快班列以及各区域形成的76列零散货物快运班列,全国4200余个铁路货运站,均开办了快运业务,形成了"长三角货物快运""三晋货物快运""南方货物快运"等覆盖全国的货物快运网络。

③积极发展电商专列。为适应电子商务快速发展,铁路部门在北京-广州、北京-上海、上海-深圳、杭州-广州开通4对8列速度160km/h的直达电商班列,"高铁+电商"服务不断拓展,2022年底,"高铁极速达"已覆盖全国1764条线路、120多个大中城市。2023年5月22日,"高铁急送"正式上线,经过3次扩网、服务城市由40个拓展至141个,已覆盖(除西藏自治区和港澳台地区)全国省会、直辖市和各主要城市,日均单量超过百单。

④稳步推进专业化联运服务。针对客户特殊需求的"特需班列"、服务快递企业的"高铁快递"等公铁联运服务形式得到有序发展,高铁快运实现沿线主要城市全覆盖,同时,我国大力发展商品汽车、冷藏等特种货物班列,2022年,我国汽车整车铁路发运共计641万辆,同比增长2%,占乘用车市场运量约27%。

(2)公水(海)联运。

公路运输以其机动灵活、"门到门"的技术特性,成为我国港口集装箱向内陆集散的主要方式,承担着港口集装箱集疏运和空箱调配的功能。目前,公海集疏是我国集装箱联合运输的主要方式,占港口集装箱集疏运输总量的86%。从组织模式来看,公路集装箱运输以港口、集装箱中转站、工厂为依托,基本形成了点线结合的网络化运输,组织化水平相对较高,运输主体多以公司化运作的运输企业为主。从组织模式来看,除在上海、浙江、江苏、京津塘等地区有少量公海联运外,绝大部分都是实行分段运输,需分别重新办理承托运手续。即使是少量的公海联运,其联运单证的签发也是掌握在船公司或其代理商手中,没有形成统一的多式联运经营人网络。国外远洋运输公司一般将所有陆上运输业务都分包给中国的公路集装箱运输企业,而国内主要的远洋运输公司如中国远洋运输(集团)总公司,主要凭借其自有卡车或旗下的卡车公司提供服务。

(3)海铁联运。

严格意义上的海铁联运,是指进出口货物从发货点经铁路运到沿海装货港之后直接由船舶以海洋运输方式运抵卸货港口，或者是从装货港经由船舶运输到达沿海卸货港之后由铁路运至卸货点，全程只需要"一次申报、一次查验、一次放行"即可完成整个运输过程的一种运输方式。我国真正意义上的海铁联运并不多。目前，我国港口货物集疏运为以公路运输为主，铁路运输为补充，部分港口水水中转占主导的格局，港口集装箱海铁联运比例在2%左右。国内实行海铁联运的港口主要有大连港、营口港、连云港港、青岛港、盐田港和宁波港等，各港口的海铁联运比例都不是很高，2020年最高的为营口港，有17.9%，其余港口均不超过10%。从海铁联运量来看，最多的是青岛港，为167万TEU；其次是营口港，为101.2万TEU；宁波港排第三，为100.5万TEU，上述港口集装箱海铁联运量占全国海铁联运量的54.2%。

（4）江海直达（水水联运）。

水水联运主要集中于长江水系和珠江水系，由内河集装箱航运公司在内河港口和海港之间提供集装箱短途运输服务。随着船舶大型化趋势下点对点直达运输的发展，我国"干线港-支线港"的中转喂给网络日趋完善，水水中转发展迅速。其中，广州港、天津港、营口港、上海港和苏州港等港口作为我国内贸集装箱运输的重要枢纽，分别与珠三角内河水网和西南沿海、环渤海沿海、长江流域的港口构成了水水中转的"干支"衔接网络，实现了港口吞吐量和航线数量的集聚发展。从衔接方式来看，水水联运主要采取分段运输、分别办理承托运手续的方式，而通过一张联运提单的一次收费、全程负责的多式联运模式还仅限于少数几家大的货运代理公司。水水集装箱联运的货物主要以低价值重货为主，货源结构比较单一。

（5）空陆联运。

随着空港经济、快递物流及跨境电商的迅速发展，空陆接驳联运起步并加快发展。以郑州为例，随着郑州航空港经济综合实验区的加快建设，机场货邮吞吐量快速增长，以郑州机场为中心的卡车航班辐射北京、天津、上海、西安、重庆、太原、石家庄、武汉等全国90余个城市，全年通过空陆联运、空空中转集疏的航空货物超过45万t。

（6）驮背运输。

2016年6月，交通运输部、国家发改委公布第一批多式联运示范工程项目名单，将北京驮丰高新科技股份有限公司、中铁特货运输有限责任公司、中车齐齐哈尔车辆有限公司、中国邮政集团公司联合列入"驮背运输（公铁联运）"工程示范企业，标志着我国公铁驮背运输工程正式起步。

（7）滚装运输。

由于我国缺乏专业货滚船，尤其是半挂车货滚船，长江滚装运输发展潜力巨大，滚装运输潜力远未充分挖掘。滚装甩挂刚刚起步,但缺乏专用船舶、专用码头,发展举步维艰。

2.2.4 标准规范

(1)标准体系。

由于我国相关管理部门体制分割的原因,各种运输方式要开展多式联运,我国关于多式联运的标准体系尚属空白。各种装备技术标准之间还存在着较为严重的不匹配、不适用、不经济等问题。同时,我国也面临着一些新兴的多式联运相关装备还未形成相关技术标准的问题,如可拆卸箱体、铁路半挂车、专用平车等。可以说,围绕多式联运展开的装备链条还未形成健全的技术标准体系。

(2)标准管理方面。

目前,铁路、航空、邮政等子领域均有本行业的标准化专业技术机构,承担本行业标准的技术管理工作,具体为铁道行业标准化技术委员会、民航行业标准化技术委员会、全国邮政业标准化技术委员会。交通运输行业外,多式联运转运环节中与包装、仓储、搬运、流通环节相关的标准化组织还包括:中国物流与采购联合会托盘专业委员会(简称托盘专业委员会)、全国工业车辆标准化技术委员会、全国物流仓储设备标准化技术委员会、全国起重机械标准化技术委员会、全国连续搬运机械标准化技术委员会等(表2-3)。

多式联运相关标委会 表2-3

编号	标委会	业务范围
1	铁道行业标准化技术委员会	从事铁道行业标准化技术工作的组织,负责一定专业范围内的标准化技术管理工作。技术委员会负责的专业范围,由铁道部科技司(现铁总科技管理部)确定
2	民航标准化管理支持单位	协助民航管理局标准化管理职能部门开展行业标准的技术管理工作(出处2012年下发的《民用航空行业标准管理办法》)
3	全国邮政业标准化技术委员会	承担邮政业标准化工作的技术管理工作
4	全国道路运输标准化技术委员会	客货运输企业、运输从业人员、运输生产组织及运输场建设等管理方面的技术要求,道路运输装备和产品的使用要求、运输作业及监管装备要求等
5	全国集装箱标准化技术委员会	集装箱工业制造、集装箱运输领域的标准化工作,主要包括集装箱箱体制造、集装箱材料和配件以及集装箱运输设备、集装箱运输管理、运输技术、信息等

续上表

编号	标委会	业务范围
6	全国港口标准化技术委员会	港口领域相关技术、安全、设备与管理等;全国内河船标准化技术委员会,业务范围包括内河船舶船型总体性能、舾装、管系、船舶主辅机、电气设备、自动控制、试验与测试、工艺与材料、救生、消防、环保与运输安全及有关管理工程等
7	全国内河船标准化技术委员会	内河船舶船型总体性能、舾装、管系、船舶主辅机、电气设备、自动控制、试验与测试、工艺与材料、救生、消防、环保与运输安全及有关管理工程等
8	全国汽车标准化技术委员会挂车分技术委员会	挂车及汽车列车的连接尺寸及连接件的技术要求和试验方法等
9	全国起重机械标准化技术委员会臂架起重机分技术委员会	主要为臂架起重机领域
10	交通运输部航海安全标准化技术委员会	包括通航秩序管理、船舶监督、船员管理、船舶检验、行业安全管理等
11	中国物流与采购联合会托盘专业委员会	针对托盘开展理论研究、现状调查、需求预测、市场分析以及会议展览等
12	全国工业车辆标准化技术委员会	负责机动车工业车辆、非机动工业车辆、工业车辆用车轮和脚轮领域的标准化工作
13	全国物流仓储设备标准化技术委员会	研究物流仓储设备标准化,修订物流仓储设备行业相关国家标准与行业标准
14	全国起重机械标准化技术委员会	负责起重机、轻小型起重设备、起重吊钩、圆环链及附件等专业领域相关标准的制定与修订
15	全国连续搬运机械标准化技术委员会	负责输送机械、给料机械、装卸机械及液力偶合器等液力传动机械领域的标准化工作

(3)多式联运制度规范。

目前,我国的公路运输、水路运输、铁路运输和航空运输均形成了各自相对完备的运输服务规则,如水路运输方面的服务规则有《中华人民共和国民法典》(以下简称《民法典》)中的《运输合同》以及《水路货物运输合同实施细则》等;公路运输方面有《中华人民共和国公路法》以及《民法典》中的《运输合同》,交通运输部下发的《中华人民共和国道路运输条例》《道路货物运输及站场管理规定》(交通运输部令2022年第30号)、

《道路危险货物运输管理规定》(交通运输部令2013年第2号)等;铁路运输方面有《中华人民共和国铁路法》以及《民法典》中的《运输合同》,铁道部下发的《铁路货物运输规程》(铁运〔1991〕40号)、中国铁路总公司颁布的《铁路集装箱运输规则》(铁总运〔2015〕313号)等;航空运输方面有《中华人民共和国民用航空法》以及《民法典》中的《运输合同》,1996年2月中国民用航空总局修订的《中国民用航空货物国内运输规则》(中国民用航空总局令第50号)。但在国内货物多式联运方面,除了《民法典》及《中华人民共和国海商法》(以下简称《海商法》)之外,却没有明确的规定,造成了不同运输方式之间合同标准、承运人识别、责任划分、保险赔偿等规则各不相同,货物在不同运输方式之间难以实现有效衔接,不仅整体运输效率低下,更是限制了多式联运在我国的发展。

2.2.5　信息化与智能化

(1)信息系统建设情况。

我国的各种运输方式的信息系统均是在相互独立的情况下建设的,如铁路、港口、航空和公路等运输方式均实现了一定的信息化,其中,集装箱多式联运的信息化主要以铁路和港口为主。

①铁路信息系统。

我国一些大中型办理站不同程度地建立起集装箱信息管理系统,如铁路运输管理信息系统(Transportation Management Information System,TMIS)、铁路调度管理信息系统(Dispatch Management Information System,DMIS)。这些系统以管理铁路箱为主,属于跟踪信息管理方式,仅可达到"不丢箱"的管理目标,难以达到在站过程按箱号追踪信息的管理目标。中国铁路已经开通了95306货运服务平台,对社会实现货物的敞开受理,运价查询,力求做到公开、透明的服务窗口,但符合现代物流产业发展要求、与市场接轨的信息系统则严重滞后。

②港口信息系统。

我国的码头集装箱吞吐量居于世界前列,我国码头集装箱的信息化水平也达到了世界先进水平。除了前述的EDI电子口岸以外,还有船公司的集装箱运输管理系统(Container Transport Management System,CTMS)、码头的集装箱码头管理信息系统(CTMIS)和堆场管理系统等,基本可以实现集装箱的即时定位、查找和自动化运输等作业。如上海集装箱码头有限公司(SCT)已实行了全程作业信息电子化,天津港的信息技术应用状况也可以满足多式联运的要求。

(2)信息资源共享情况。

虽然我国单向运输方式的信息化水平已经位居世界前列,但是由于各个运输信息系统之间相互孤立,不能实现有效衔接和数据共享,造成了一些信息重复录用,而一些信息不能跨平台查询和追踪,这与多式联运一站式的服务理念不能匹配,成为制约多式联运发展的主要瓶颈。以海铁联运为例,海铁联运业务的运作需要参与方之间大量的双向信息交互,而目前上海洋山港区海铁联运各参与方都有各自的信息系统,如船公司的集装箱运输管理系统(CTMS)、码头的集装箱码头管理信息系统(CTMIS)和铁路的运输管理信息系统(TMIS),但是,这些系统的结构各不相同,数据不能交换和共享,形成了多个信息孤岛。

(3)信息化和智能化技术应用情况。

我国具备一定的多式联运信息化和智能化技术研发能力,电子监控、信息采集以及车联网、船联网等先进技术在局部地区和一些企业得到了应用,但是受需求阶段限制以及成本等因素影响,产业化推广还不是很普遍,尚未大规模使用。

(4)公共信息平台建设情况。

中国交通通信信息中心针对多式联运中涉及的信息资源共享程度低、交换体系不健全、交换标准不统一,公共信息服务能力薄弱、决策支撑能力不足等突出问题,初步形成全国多式联运公共信息平台建设方案。信息平台以信息共享为核心,构建"四横四纵"的总体架构,面向服务对象提供多式联运公共信息服务,构建联通不同运输方式、不同部门、不同区域、不同企业之间的数据通道(图2-5)。

2.2.6 安全与绿色

(1)安全性技术。

目前,我国的运输安全主要集中在危险品领域,各种运输方式对于危险品的运输、仓储和管理均有着详细的规定,但关于多式联运方面的技术和管理尚未纳入考虑范畴。

(2)绿色化技术。

现有货运领域的减排主要关注于技术性减排和管理性减排,而结构性减排是节能减排最具潜力的领域,发展多式联运是推动结构性减排的重要手段。技术性减排和管理减排主要关注新型节能环保装备技术的应用、推广使用清洁能源、淘汰落后装备等,如目前正在开展的甩挂运输、船型标准化、淘汰黄包车等均属于当前主要采用的绿色化技术。但是,由于我国货运领域的能源消耗和排放监测体系尚未建立,所以,对于多式联运的节能减排效果缺乏统计体系和科学数据的支撑。

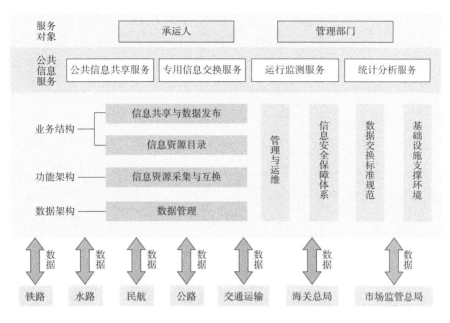

图 2-5 多式联运平台总体架构

2.3 我国多式联运技术发展存在的问题

总体来看,我国多式联运发展仍处于初级成长阶段,覆盖面小、运行不畅;多式联运总运量小,在社会总运量中的占比偏低;运作效率不高,硬件设施和运营管理上均不能实现无缝衔接;形式单一,运输结构不优,各种运输方式比较优势未能充分发挥;信息系统不对接,各种运输方式信息资源难以实现共享,主要表现在以下几个方面。

(1)多式联运技术水平整体滞后。

与发达国家相比,我国的多式联运技术水平整体滞后,差距非常明显。

①联运模式方面。

欧美多式联运以铁路为主导,美国2021年铁路多式联运货运量达到1414万TEU。公铁联运是美国主要的联运方式,公铁、公水、铁水联运运量占全部多式联运运量比例分别为53%、34%、13%,相应周转量占比分别为57%、29%、14%。欧盟2019年组合运输的规模为2536万TEU,在所有组合运输中,公铁联运占比达到了56%左右。发达国家海铁集装箱联运比例通常为20%左右,美国为40%,法国为35%,印度为25%,而我国仅为2.6%。我国海铁联运比例最高的营口港,也仅为17.9%左右。

②基础设施方面。

具有联运功能的综合货运枢纽(物流园区)总体不足。在美国芝加哥,1000亩以上公铁联运枢纽有28个,最大的联运枢纽占地5200亩;德国共有多式联运中转站122个,在联邦政府主导的物流园区规划建设中,将多式联运中转功能作为必要条件。而我国港口集疏运85%以公路为主,铁路集疏运比例极低。

③运输装备方面。

车辆专业化、大型化、轻量化不足,汽车列车、厢式车辆、集装箱专用车辆以及特种运输车辆发展滞后。欧美国家厢式半挂车已是主流车型,约90%道路货运通过厢式半挂车等专用运输实现,而2020年我国厢式货车、自卸式、栏板式和特殊结构车辆合计仅占营运载货汽车的15.1%。铁路方面,2018年我国有铁路集装箱专用平车约4.2万辆,占货车总比重不足5%,而美国、澳大利亚等国家占比普遍在10%~20%。截至2023年11月,我国航空货运专机共有255架。FedEx和UPS自有/包机的飞机数量分别为684架和624架。铁路特种、专用货车以及铁路专用平车、高铁快件、公铁两用挂车、半挂车专用滚装船、江海直达船舶、商品车运输车等发展明显滞后,满足多式联运的快速换装、转运设施设备推广应用缓慢。

④信息技术方面。

铁路集装箱运输缺乏高效率的电子数据交换系统,不能实现单证的无纸化,也不能实现运输全过程的动态监控。落后的管理手段增加了铁路集装箱运输中掌握箱源及实时监控的难度,也使铁路集装箱无法积极参与多式联运。

(2)单一方式技术之间难以对接。

多式联运需要单一运输方式作为依托,通过各种运输方式在软硬件方面的无缝衔接实现多式联运运载单元在各种运输方式之间的快速转换,以提高运输效率、实现组合效益。但是,在我国各种单一运输方式独立发展、自成体系的现状下,发展多式联运仍要面临着各种单一方式技术之间难以有效对接和匹配的问题。

①基础设施衔接方面。

各种单一运输方式基础设施线网没有实现统一规划,一些铁路站场、港口等集疏运体系建设落后,使得多式联运的效率优势并没有得到充分发挥。如武汉阳逻新港与武汉吴家山铁路中心站距离较远,57km的短驳费用高到1000元/TEU,联运优势难以发挥;天津港集疏运体系存在明显短板,公路运输比例过高(66%),铁路运输比例过低(23%);部分物流枢纽与城市交通矛盾突出,进出园区道路与周边路网衔接不畅,造成不少"死库"或"堵点"。各运输方式已有的站场建设标准仅从各自的领域对相关标准内容进行了界定,缺少与其他运输方式衔接的内容。铁路专用线进港、铁路集装箱中心站与国家公路网的衔接,以及通道与重要港站枢纽间"连而不畅""邻而不接"。

②装备技术衔接方面。

半挂车领域目前已具备一整套标准,但缺乏从事多式联运所需的标准,不能上铁路。铁路集装箱专用平车、集装箱在尺寸与载质量方面相互不协调,使多式联运中存在亏吨和空间利用效率低等问题。如X70型铁路集装箱专用车,若放置2个20ft标准集装箱或1个40ft集装箱,会产生亏吨和空间利用不足的问题。目前,我国同欧洲国家一样,采用国际托盘标准,即托盘尺寸为1200mm×1000mm和1200mm×800mm,而ISO集装箱的内部宽度为2330mm,这样就不能并排装载2只国际标准托盘,于是需要在集装箱内部增加空隙填料和加固材料,因此产生空间浪费并影响装载作业效率。

③运输规则衔接方面。

在多式联运货物索赔纠纷中,我国主要适用《海商法》与《民法典》,并参照适用单方式运输法中的法律法规。在事故较为常发的公路、内水等非海运区段中,只有部门规章可参照适用。对于多式联运的定域损坏,尤其是责任限制方面,还需要依据铁路、公路、水路、航空等单方式运输的相关规定,在运输领域的责任问题上存在无所适从的状态。目前,20ft集装箱水路运输限重为30.48t,集装箱公路运输的限重为55t,铁路单车限重60t,由于集装箱水路、公路、铁路运输的超载标准衔接不顺畅,造成公铁水联运中超载现象发生;国产牵引车与国际标准集装箱组合后,按照《超限运输车辆行驶公路管理规定》(交通运输部2021年第12号令)属于车货总高度超过4.2m(达到4.35m)、全车长超18m的超限运输车辆;铁路运输与水路运输行业对于危险货物运输管理规定不一致,一些水路运输作为普通适箱货的货物,铁路运输则归入危险货物范畴,一些水路运输允许装箱运输的货物,如块状煤炭,铁路部门不允许采用集装箱运输。

④信息资源共享方面。

目前,国内各企业的运输单证没有统一的标准,各运输方式间的单证也无法进行有效衔接,货物在更换运输方式尤其是转为铁路运输时,需要二次"起票"(铁路货票和铁路运单)。此外,多式联运还涉及海关、检验检疫、保险等主管部门,不同主管部门分别执行不同体系的单证,而且各个运输方式所涉及单据内容重复性比较高,铁路运单、订舱托运单、场站收据、海运提单、报关报检单有近90%的内容是一致的。这些单证在业务办理、保险索赔、法律责任等方面存在不同的处理方式,在转换运输工具时,必须更换单证,既降低了作业效率,又增加了运输成本。铁路部门的TMIS系统与世界通行的国际集装箱运输单证系统及EDI报文传输尚未统一,而港口企业则采用国际EDI报文传输标准开发,极大地增加了铁路与港口企业开发接口的成本。

(3) 多式联运技术标准大量缺失。

我国现有多式联运形式主要有公铁、公水、铁水联运,主要的运输组织模式有箱驳运输、滚装运输,涉及的运输装备包括集装箱、集装箱半挂车、铁路专用平车、滚装船、桥吊、正面吊、叉车等多种联运装备,各类装备基本都已经具备产品各自的标准,但整个多式联运装备技术标准没有形成体系,一些关键技术和标准的缺失严重制约了多式联运的发展。装备在不同运输方式下的尺寸、重量和技术要求不统一、不匹配,造成了多式联运装备"联不上"。以集装箱为例,如铁路运输对集装箱重心位置偏移和总重控制的要求严于水路运输,公路运输规定车辆总重不得超过55t,一台可运输2个20ft集装箱的卡车无法同时装运2个符合国际标准的总重为30.48t的20ft重箱;也有出现虽然"联得上",但联运过程不安全。如公水滚装运输中,半挂车与滚装船缺少栓固标准,半挂车支撑强度标准有待提升。还有出现虽然"联得上",但联运过程不经济合理的情况,如我国的铁路车辆货载限宽3000mm,公路运输车辆的限宽是2550mm,而国际标准集装箱的宽度是2438mm,铁路运输和公路运输存在着能力浪费的现象,浪费运能被广泛诟病。

目前亟待完善相关技术和标准,包括多式联运货物目录表、多式联运枢纽建设标准、多式联运枢纽运营规范以及快速中转作业流程、信息交换和共享标准、多式联运单证、多式联运规则、多式联运统计体系等。长期来看,需要建立的技术标准包括:交换箱的术语和标准体系、基于(厢式)半挂车、交换箱的多式联运装备标准体系、内陆集装箱标准体系、专用滚装船标准体系、高铁快递标准体系等。

2.4 原因分析

当前,我国多式联运发展中存在的问题,与我国阶段特征、产业布局、经济结构等有着内在关联。造成这一局面的直接原因集中表现在以下几个方面。

(1) 总体认识不足。

长期以来,交通运输发展的重点在于基础设施建设,对提升综合运输服务能力和水平的重视程度相对较弱,使得对多式联运发展的总体谋划不足,尤其是跨运输方式之间的无缝衔接问题相当突出。随着我国各种运输方式基础设施网络的不断完善,交通运输行业已经进入强化衔接协调和提升一体化服务水平的新阶段,加快发展多式联运将成为未来提升综合运输服务的切入点和突破口。

(2)体制机制不顺。

综合交通运输管理体制虽初具形态,但尚未形成实质性融合,各种运输方式间顶层设计衔接不够紧密、步调不一致,部门职能还未得到有效整合并形成有机一体。在国家层面,我国管理体制仍处于向大部制过渡的状态,虽然交通运输行业已经实行大部制,行业行政管理权统筹至交通运输部,但由于历史积淀缘由,铁路、公路、水路、航空、邮政管理部门仍然处于各自为政的过渡期,部门之间协调和配合程度不深,因此,也就造成了多式联运装备技术发展缺乏统筹力度。不仅如此,由于管理部门之间的相互独立,我国对运输装备管理更是还处于分行业管理的阶段,在标准制定、行业监管、行政执法等都难以统筹协调。铁路、公路、水路、民航、邮政等子领域均有本行业的标准化专业技术机构,承担本行业标准的技术管理工作,如铁道行业标准化技术委员会、民航行业标准化技术委员会、全国邮政业标准化技术委员会。如果从多式联运全产业链条管理机构来看,涉及多式联运装备的标准委员会数量超过15个,覆盖的标准领域相互交叉又存在空白,却没有成立对多式联运装备统筹规划的标准委员会,在促进多式联运装备发展中衔接不紧密、分工不明确,难以形成合力。

(3)政策法规滞后。

各种运输方式市场化程度不一,运输政策等缺乏统一和衔接,多式联运相关的规划机制、投融资机制、运输价格形成机制、服务规则、行政监管机制、信息共享机制等均不健全,综合交通运输和多式联运的立法滞后,单一运输方式法律法规之间衔接协调性不足,使得货物在不同运输方式之间难以实现无缝衔接、高效转运。国家层面还缺乏系列化支持多式联运发展的政策措施,现有关于发展多式联运的文件,宏观性指导多,实质性支持措施少。而欧盟和美国均有专门的法案或计划鼓励多式联运发展。

第 3 章
我国多式联运技术政策发展总体思路

3.1 我国多式联运发展面临的新形势

（1）国际经济格局的深度调整，要求多式联运加快融入全球价值链和供应链。

近 20 年来，经济全球化浪潮所催生的巨大变化之一就是全球价值链的深入发展。这一新的国际分工体系的形成，不仅引发全球供应链、产业链、商品链的深刻变革，对国际贸易、跨国投资乃至全球经贸治理也带来深远影响。2008 年国际金融危机爆发以来，世界经济步入深度调整与结构再平衡的"新平庸"状态，以大规模跨国投资驱动、高增长中间品贸易为特征的全球价值链步入深度结构调整期。驱动上一轮全球价值链扩张的制度和技术两大引擎的作用均有所下降，基于全球价值链的国际经贸规则重塑蓄势待发。在国际发展环境和条件发生重大变化的同时，我国经济发展进入新常态。综合来看，我国深度参与全球价值链调整，既是实现从经贸大国向经贸强国转变的内在要求，也是积极参与国际经贸规则重塑的必由之路，将使我国经济发展迎来新的重要机遇。作为世界第二大经济体和第一大货物贸易国，要求我国大力发展国际国内多式联运，促进内外贯通的便利化运输，加强国际贸易往来和国际产能合作，服务和支撑我国加快融入全球价值链和供应链，提升国际竞争力。

（2）支撑国家重大战略部署、打造全方位开放新格局，要求加快改进多式联运服务能力和水平。

我国"四大板块"战略协调发展，"一带一路"倡议等加快推进，"走出去"步伐明显加快，区域经济发展的思路逐步向通道化、连片化转变，强调国内、国外经济关联区域间的便利联系和整体协作，国际上、区域间生产要素快速流动、产业间资源配置广泛交互的格局将进一步加快，"大规模、长距离、宽辐射、多层次"的物流特征日趋显现，将推动全国物流资源、要素的布局调整和重组整合。这就要求以加快多式联运发展为突破口,构建连接国际国内的海陆空协同联动、优势互补、产品丰富的现代物流体系,以高效物流引领空间集成优化、资源集聚整合、要素集约配置,打造东中西联动、内外协同的经济发展新格局。

(3)增强经济发展新动能、培育竞争新优势,要求充分发挥多式联运整体优势和组合效能。

我国经济发展进入"新常态",亟待提高供需匹配效率,培育经济增长新动能。2023年我国社会物流总费用18.2万亿元,同比增长2.3%。其中,运输费用、保管费用、管理费用分别是9.8万亿元、6.1万亿元、2.3万亿元,且分别同比增长2.8%、1.7%、2.0%。相关研究表明,我国多式联运量占全社会货运量比例提高1个百分点,可以降低社会物流总费用约0.9个百分点,节约物流成本支出约1000亿元。然而,2023年我国多式联运量占全社会货运量比例仅为2.9%,与欧美国家多式联运量占全社会货运量比例约40%的水平相比,差距甚远。未来,我国将持续推进经济提质增效升级,推动发展向中高端水平迈进、保持经济中高速增长,全社会货运量增速仍有望保持较快增长,同时,货物运输需求结构将发生明显变化,便捷化、快速化、多样化等运输需求将持续增加。多式联运具有高效衔接、绿色低碳、经济快捷等内在特征,将适应经济发展新常态下产生的快速多样化、高品质运输需求,发挥多式联运的整体优势和组合效率,统筹发挥好铁路运输、公路运输、水路运输和航空运输的技术特点和比较优势,有利于有效降低运输和物流成本,提高供应链全要素生产率,推动实体经济企业"降本增效",引导消费升级并释放新需求,引领新的经济增长极和经济支撑带。

(4)落实供给侧结构性改革新要求、顺应上下游协同联动新趋势,要求加快创新多式联运服务模式和形态。

推进供给侧结构性改革,是适应和引领经济发展新常态的必然选择,交通运输领域落实党中央、国务院关于推进供给侧结构性改革的决策部署,就是要不断提升运输服务的综合效能、推动行业发展提质增效升级。一方面,我国不同运输方式间衔接协调及接口部分成为突出"短板",全程运输服务中的"断环"和"脱链"现象较为普遍。交通运输与物流业、装备制造业、商贸流通业关联发展不足,供需之间矛盾较为突出,全要素生产率不高。多式联运作为全程一体化运输服务系统,具有涉及环节多、业务关联度高、产业链条长等属性特征。另一方面,多式联运发展对产业拉动作用明显,不仅对车辆、装卸、集装箱等装备制造业以及基础设施投资具有直接拉动作用,而且对产品制造、流通消费和对外贸易具有明显的集聚作用。推动关联产业的融合联动发展,形成了全要素集聚整合的强大推力,并孕育出新的经济增长点,要求多式联运在资源整合、产业联动、结构优化、服务模式创新等方面融入大格局。

（5）新一代信息技术带来的革命性影响，要求以开放的理念推动多式联运资源共享、跨界整合发展。

以移动互联网技术的广泛应用为标志，大数据、物联网、云计算等新一代信息技术现在基本已经实现了普及，打破了方式间、业务间、区域间信息壁垒，促进各种运输资源高效流动，实现符合现代信息技术条件下扁平式、协同式、智能化、网络化的交通运输服务新模式。依托于移动互联网的服务呈现个性化、多样化、平台化的发展趋势，原有的统一化、标准化、规模化的服务模式将逐渐被淘汰。通过移动互联技术的推广应用，促进不同方式加快融合正是解决"衔接"问题的有效途径。移动互联时代的理念要求以开放的视野来看交通资源的整合，以互联网思维和信息技术改造运输网络形态，主要从市场需求和价值链的层面来解决运输与其他产业的融合问题，使交通运输业朝着满足用户价值最大化模式转变。

3.2 我国多式联运技术发展的新要求

近年来，国家多次明确把多式联运作为发展现代物流业的重要内容之一，2017年初，交通运输部等十八个部门印发了《关于进一步鼓励开展多式联运工作的通知》（交运发〔2016〕232号），为进一步加快多式联运技术发展提供支持，《交通运输部　国家发展改革委关于印发〈推进物流大通道建设行动计划（2016—2020年）〉的通知》（交规划发〔2016〕217号）明确提出将大力发展多式联运作为物流大通道建设的主要任务之一。随后，国务院办公厅先后印发《关于印发推进运输结构调整三年行动计划（2018—2020年）的通知》（国办发〔2018〕91号）、《推进多式联运发展优化调整运输结构工作方案（2021—2025年）》（国办发〔2021〕54号），多式联运是助力运输结构调整的重要抓手，从基础设施、运输组织、技术装备、标准规范、信息化建设和绿色化升级等方面，对多式联运技术发展提出了新的要求。

（1）提升多式联运技术的国际化水平。

虽然当今国际经济格局处于深度调整期，世界经济复苏乏力，英国脱欧等逆全球化现象不时发生，但是，经济全球化和区域一体化仍将是世界经济发展的根本趋势，不会逆转。我国正在着力打造全方位开放新格局，通过"一带一路"倡议等深入融入全球贸易新体系，积极参与重塑国际经济新规则。随着中国经济不断走向全球化，我国的物流体系也必将深度参与国际竞争。为提升"中国制造"的国际竞争力，提升我国在国际供应链体系中的话语权和影响力，首先要提升中国物流体系的国际竞争能力，鼓励其参与国际竞争。因此,多式联运技术发展必须要提升国际化水平,对接国际通行规则、对标国际先进、加强国际合作,条件成熟的条件下可以积极主导国际规则和标准的制定。

(2)提升多式联运技术的智能化水平。

从信息技术(Information Technology,IT)时代进入数据技术(DataTechnology,DT)时代,智能化、大数据、云计算等技术应用日渐深入,全面感知、泛在互联、交互便捷、协同融合成为可能。移动互联网时代运输需求更加个性化、多样化,运输服务模式深刻变化,新业态将层出不穷,智慧交通、智慧物流引领下的产业化开发成为移动互联时代新经济增长点中的支柱产业,大数据需求分析、智能运输装备、智慧物流服务将极大地提高物流效率,降低物流成本。目前,大数据、云计算、全球定位系统(Global Positioning System,GPS)、物联网技术已经在货运物流服务中推广应用,基于移动互联网技术搭建的物流信息平台和移动端App,实现了货运信息的对接,提高了信息透明度,促进了货运的资源共享,降低了货运成本。货运车辆技术得到了提升,车辆和货物的实时跟踪监控、视频监控、呼叫中心调度等提高了货运效率。未来,移动互联信息技术的发展和应用,不仅使得智能化的多式联运技术成为可能,更是新时代下提升多式联运服务增值能力的必要前提和根本特征。

(3)提升多式联运技术的协同化水平。

多式联运技术涉及多个部门、多种运输方式、多区域,不同方式、区域、行业之间的技术等级差距大,协调协同难度大。要发挥多式联运的技术优势和整体效能,就必须在推广应用先进技术的同时,提升不同运输方式之间技术的协同化水平和衔接程度,补强多式联运技术的短板,淘汰落后技术,实现多式联运整个链条的技术进步和提升。此外,多式联运作为全程一体化运输服务系统,具有涉及环节多、业务关联度高、产业链条长等属性特征,在提升多式联运技术供给水平的同时,要注重供需匹配,使其适应我国物流产业的需求特征,提供切实可行的技术服务,实现良性联动发展。

(4)提升多式联运技术的绿色化水平。

交通运输是能源消耗和碳排放重点行业之一,推进交通运输低碳绿色发展,最大的潜力在优化运输结构,即充分发挥水路运输、铁路运输节能减排的技术经济优势,减少长途货运对公路运输的依赖。现阶段,我国公路货运量在全社会货运总量中占比过高(2023年为72.4%),铁路货运占比9%(周转量占比14.71%),与美国铁路运输占比20%相比,公铁联运、铁海(水)联运、铁路运输市场份额仍有很大提升空间。欧盟强调通过发展多式联运,推动把更多公路货运转向铁路运输和水路运输,并提出2030年前转移30%、2050年前转移50%的具体目标;仅2011年一年即实现减排$CO_2$762万t、NO_x93

万t、颗粒物1150t。对标发达国家成功经验,通过多式联运实现节能减排,便要求大大提升多式联运行业的绿色化水平,积极推广节能环保技术。

(5)提升多式联运技术的多样化水平。

欧美国家自20世纪80年代以来大力推进多式联运发展,近年更是把多式联运作为交通运输系统优化的主导战略,目前已形成形式多样的多式联运体系,如驮背运输(Piggyback)、公铁滚装运输(Rolling Road)以及半挂车公水滚装运输等,均有稳定的市场份额。而我国的多式联运形式还比较单一,更多是在各单一运输方式自我完善基础上强调与其他运输方式的业务,货类方面主要聚焦在集装箱领域(目前多关注海铁联运)和大宗散货领域,其他诸如以厢式半挂车为装载单元的公铁、公水联运以及整车公铁滚装联运等形式在我国起步较晚。我国不同产业的发展水平差距非常明显,相应的物流需求范围也非常广阔,从煤炭等大宗物资的运输到飞机零部件等高精尖设备的进口需求,需要发展多样化的多式联运技术才能够满足。

3.3 我国多式联运发展技术政策的指导思想

牢固树立并深入落实创新、协调、绿色、开放、共享的新发展理念,按照深入实施创新驱动发展战略的总体要求,深刻把握我国多式联运技术发展现状和国际多式联运技术发展要求,坚持问题导向和趋势引领相结合,充分发挥企业在技术创新和应用中的主体作用,以提升我国多式联运发展的技术水平为核心,以各种运输方式技术协同发展为主线,积极推广应用成熟技术,鼓励应用先进技术,支持发展潜在技术,限制淘汰落后技术,提高技术创新和研发能力,促进行业技术更新换代,构建科学完善的多式联运发展技术政策体系,促进科技成果更多更好地转化为现实生产力,为加快推进我国多式联运的发展提供坚实的技术支撑。

3.4 我国多式联运发展技术政策的基本原则

(1)问题导向,有序推进。

做好顶层设计、树立长远目标,制定计划表和路线图,做好技术储备,持续推进多式联运发展不断取得新成效;同时,从影响我国现阶段多式联运发展的关键技术入手,找准薄弱环节,实现率先突破。

(2) 对标国际,适度超前。

注重跟踪国外多式联运技术发展动向,对标国际先进水平,确定未来一段时期多式联运领域的技术发展方向;着眼于经济社会发展的总体要求,针对我国多式联运技术的空白领域,结合技术先进性和经济适用性,适度超前发展。

(3) 创新引领,改革驱动。

加大关键技术研发和推广力度,提高自主创新能力;把改革创新作为推动多式联运加快技术发展的主动力,深化理念、技术、模式、政策以及体制机制创新,加快重点领域、关键环节改革开放,推动破解各种管理和技术壁垒。

(4) 市场为主,政府引导。

发挥市场在资源配置中的决定性作用,发挥企业在技术创新和应用中的主体地位,增强市场主体活力和竞争力;更好地发挥政府对市场的引导作用,健全法规政策和标准规范,加强市场监管和技术发展方向指导。

3.5 我国多式联运发展技术政策的总体目标

3.5.1 近期目标

到"十四五"期末,多式联运行业技术水平得到显著提升,结构完整、重点突出、功能实用、适度超前的多式联运技术体系基本建立,先进高新技术得到普遍应用,重大技术攻关取得实质性突破,技术滞后对多式联运发展的瓶颈制约基本得到缓解,多式联运自主创新和研发能力大幅提升,对建设国家多式联运系统的技术支撑显著增强。

(1) 基础设施。

多式联运规划理论、技术和方法基本形成,铁路运输、公路运输、水路运输、航空运输、邮政运输等各类专项基础设施规划之间实现有效对接,基础设施之间的衔接性大大提升,货畅其流、集约高效、智能绿色的物流大通道体系基本形成,一批专业化多式联运枢纽基本建成,多式联运通道和枢纽的资源聚集能力、辐射效应充分释放。

(2) 运输装备。

由物流单元、装载单元、运输工具、转运装备组成的多式联运装备体系基本形成,运输装备的标准化、专业化、智能化、节能化水平显著提升,半挂车吊装技术、专用滚装船、双层集装箱铁路运输等一批重大装备技术研发取得突破性进展。

(3) 运输组织。

集装箱、半挂车为标准运载单元的公铁、铁水等联运方式得到普遍应用,甩挂、甩箱作业模式得到大范围推广,铁路双层集装箱、铁路驮背运输、公铁滚装运输等先进组织模式发展的基础条件基本具备。

(4) 标准规范。

一批多式联运软硬件方面的标准规范形成并得到推广应用,多式联运标准规范空缺现象基本得到填补,各种运输方式之间标准规范不统一的问题基本缓解,多式联运规则基本建立,"一票制"运输方式基本实现,多式联运统计制度和管理规范基本建立。

(5) 信息化与智能化。

北斗导航、移动互联、大数据、云计算、物联网等先进信息技术得到普遍应用,跨部门、跨方式、跨区域间信息共享与自动化交互水平显著提高,政府部门的公共信息服务和智能管理水平大幅提升。

(6) 安全和绿色。

多式联运推动交通运输结构性减排的潜力大大释放,能耗监测统计和监测体系基本建立,一批节能环保和安全评价技术得到普遍应用,政府应急管理能力显著改善,多式联运行业的安全性和绿色化发展水平大幅提升。

3.5.2 中长期目标

到2030年,国际化、智能化、标准化、绿色化的多式联运技术体系全面建成,形成一批领先于世界水平的多式联运成套技术,对国际规则和标准制修订的影响力显著提升,为中国经济更好融入全球化市场、提升国际竞争力提供战略支撑。

第 4 章
多式联运技术政策国外经验借鉴

4.1 欧美多式联运的战略定位

从运输业的发展史来看,各种运输方式都经历了各自的黄金发展期,也经历了激烈的市场竞争和资源争夺,但没有任何一种运输方式可以单独承担庞大的社会运输需求和经济发展的重任。欧美国家在基础设施基本完成的背景下,均把多式联运上升为国家战略或者政府统筹主导下多部门协同发展推进的主导战略,交通运输部门作为多式联运战略的主要执行层,积极推进相关政策的落地和实施。

4.1.1 美国

美国的多式联运概念主要从立法机关和政府机构的视角进行界定,目的是构建各种运输方式可以有效衔接、平等发展的综合运输体系。因此,美国的多式联运本质上属于战略层次。

20 世纪 90 年代初期,随着美国国家公路网运输体系的基本完成,运输业优先发展的重点开始从基础设施建设向提升运输服务水平转移。美国国会于 1991 年颁布《多式联运地面运输效率法案》(Intermodal Surface Transportation Efficiency Act of 1991,ISTEA,又称"冰茶法案"),开始在经济发展、环境保护、能源节约和社会公平等方面建立新的国家运输业优先发展战略,而且国会在这部法律中清楚地表达了建立多式联运体系符合国家利益,要将"构造一个统一、无缝、有效、经济、安全和环保的国家多式联运系统"树立为美国运输政策的核心,"冰茶法案"的颁布标志着联邦的运输政策从传统的资助发展公路运输转移到发展包括公路、铁路和大容量交通在内并且各种运输方式之间实现无缝连接的综合运输体系。1998 年颁布的《续茶法》(NEXTEA-National Economic Cross-

road Transportation Efficiency Act)是 1991 年"冰茶法案"交通发展政策的延续和深化,该法案将改善交通安全摆在美国交通运输发展的首要位置,并强调公众参与的重要性。2000 年,美国政府颁布了《21 世纪运输衡平法案》(Transportation Equity Act of 21st Century,TEA-21),将改进安全、保护环境、增加就业、重建美国运输基础设施、协调发展各种运输方式作为优先发展目标。"冰茶法案"实施后,美国政府在运输部下设立一体化运输办公室(Office of Intermodalism),专门负责多式联运推进。

美国交通部每隔 5 年会制定未来的战略规划,战略规划内容主要有运输业的使命、战略目标、规划实施步骤与未来计划评价等。1996 年,美国交通部发布的《DOT Strategic Plan FY 1997~2002》中,便将多式联运定义为美国运输系统四大特征之一。在其随后发布的《DOT Strategic Plan 2000~2005》《DOT Strategic Plan 2006~2011》中,均将多式联运作为主要内容。如《DOT Strategic Plan 2000~2005》提出通过发展多式联运来提高能源利用效率,《DOT Strategic Plan 2006~2011》提出通过改善多式联运衔接水平来提高国际运输效率。2020 年,美国交通部发布的首个《国家货运战略规划》中也提出通过提升货运多式联运的衔接效率来优化货运系统的整体效率。

4.1.2 欧盟

欧盟成员国始终重视运输政策对促进欧洲一体化、推动欧盟经济发展等方面的重要作用。早在 1957 年,欧盟前身欧共体签订《罗马条约》时,就明确了共同运输政策(Common Transport Policy,CTP)。欧盟自跨入 21 世纪以来,始终将多式联运视为可持续发展的主要战略目标之一。2001 年,欧盟委员会发布《面向 2010 年的欧盟运输政策:时不我待》白皮书,明确提出多式联运发展战略与方向。2006 年,经中期评估和修订,更加突出铁路运输和水路运输发展,着力于多式联运服务链整合。2011 年,欧盟出台新的运输政策白皮书《迈向统一欧洲的运输发展之路:构建更有竞争力、更高能效的运输系统》,提出了绿色低碳发展目标,强调通过发展组合运输把更多公路货运转向铁路运输和水路运输,并提出 2030 年前转移 30%、2050 年前转移 50% 的目标。重要的地位、清晰的方向和系统的延续性是欧盟综合运输政策成功的重要前提。

德国将交通运输基础设施发展,尤其是多式联运基础设施的发展视为促进增长和保持可持续发展的首要驱动力。德国制定的多式联运战略是将其打造为欧洲重要的物流枢纽,保护其出口导向型经济,为实现多式联运发展,各项工作非常重视环保型铁路和水路运输的比例。

4.2 欧美多式联运政策法规发展

4.2.1 美国

(1)法规。

美国的立法体系是由宪法、国会的法律、司法判例、政府执行的行政法规和部颁行政规章组成的。美国的公路交通法规体系主要包括公路法系统和运输法系统,两个系统的法规分别汇编于《美国法典:23 公路》和《联邦规章:23》《美国法典:49 运输》和《联邦规章:49》。美国于 1940 年制定了《运输法》,该法律全面阐述了国家对交通运输的政策;1967 年通过《运输部法》成立了专门的运输部;到 1980 年将"鼓励和促进综合联运"作为国家的运输政策写进运输法。总体上看,美国运输业的法规政策可以划分为严格管制和放松管制两个阶段。

①严格管制阶段。

美国铁路运输在发展初期处于自由放任的状态,1865 年后逐渐确立了其在运输业中的垄断地位。但由于铁路运输业价格歧视盛行,社会要求对其进行规制。在这样的背景下,美国政府于 1887 年颁布了《州际商业法》,并设立了州际商业委员会(Interstate Commerce Commission, ICC),开始对铁路运输进行经济规制。从 1920 年开始,规制的内容逐渐从价格规制扩展到进入规制,规制的范围也逐渐扩大到各种运输方式。

铁路运输方面,除了 ICC 来管制事关公共利益的铁路运输业,19 世纪末至 20 世纪初,铁路运输企业兼并和联合"浪潮"的愈演愈烈,垄断加剧,美国相继出台了《爱尔金斯法(1903 年)》《赫伯恩法(1906 年)》和《曼恩—爱尔金斯法(1910 年)》等一系列铁路运输管制法规,解决承运人的差别待遇与回扣、加强管制权力及促进管制效率等问题。

公路运输方面,随着汽车保有量的增加、基础设施规模的扩大,美国于 1935 年颁布了针对公路运输市场竞争的管制法规《汽车承运法》。

航空运输方面,美国航空运输管制始于 20 世纪 20 年代中期以后,1938 年美国国会经过反复讨论和研究,通过了以对航空运输实施管制为主要内容的《民用航空法》。

水路运输方面,美国对水路运输业的管制始于 1940 年《运输法》的实施,该法对水路运输业的管制主要参考对铁路运输的管制模式,涉及运价和许可证等方面的内容。

②放松管制阶段。

从 20 世纪 80 年代开始,运输业迎来了放松管制的热潮。为拯救铁路运输业,美国于 1973 年和 1976 年分别通过了对铁路运输放松管制的法律;1980 年,《斯塔格斯铁路法》颁布;1978 年,通过了《航空运输放松管制法》,采取允许航空公司自由进入市场和扩展业务、放开票价、不再限制合并等措施引导企业依靠市场力量进行自由竞争;1980 年,通过了《汽车承运人法案》,对公路运输的管制进一步放松;1985 年,撤销了民用航空委员会(The Civil Aeronautics Board,CAB);1995 年通过了《ICC 终止法》,同时成立了地面运输委员会(Surface Transportation Board,STB)以执行剩余的管制职能,并改革运输业的经济管制。这些法案的主要内容是放松对铁路运输、航空运输、公路运输和其他运输方式的市场进入和运价管制,鼓励竞争,扩大企业自主决策范围。一系列要求放松管制的运输法案陆续出台,极大地促进了运输市场的发展和效率和提升,各种运输方式企业开始注重利用比较优势发展综合运输。而 1986 年的《地面货运代理商放松管制法》,对于在多式联运业务中发挥核心作用的货运代理商的发展也起到了极大的推动作用。放松管制为美国多式联运的快速发展奠定了制度基础。

放松管制使集装箱班轮公司建立起各自的联运路线,提供单一提单及单一费率,从而使承运人和货主双方都得益于联运协作和经营效率的改善,并形成一批适应并推动多式联运发展的市场主体。目前,美国铁路货运形成了五大铁路货运企业格局;公路运输历经淘汰重组,形成了数家拥有数万辆车辆资产的大型企业;物流和快递业则形成了 UPS 和 FedEx 等国际著名大企业。

(2) 管理体制。

美国交通部仍未成立多式联运局,各管理局依运输方式的不同而各司其职(图 4-1)。不过交通部成立了有各种运输方式相关管理局官员组成的国家货运政策委员会,同时成立了外部的国家货运咨询委员会,成员为私营部门的相关利益者。

(3) 专项行动。

为重点解决多式联运发展过程中的某个关键问题,美国还采取了一些专项的行动计划,并取得了很好的效果。

①阿拉米达货运走廊(Alameda Corridor)。

水路运输和铁路运输两种运输方式转换衔接的"中间一公里"带来的"连而不畅"、疏港路拥堵、环境污染等一系列问题,引发严重的港城矛盾。20 世纪 90 年代,美国洛杉矶市因港口的快速发展,港口集疏运能力与港口运输需求不匹配,引发严重的港城矛盾,继而催生阿拉米达货运走廊项目。2002 年,阿拉米达货运走廊建成并试运营,该项目建设资金约 24.31 亿美元,建成长度为 32km,它将洛杉矶港、长滩港与内陆铁路场站连接,合并了 4 条铁路支线,开挖了 16km 的地下渠道,消除了 200 多个平行交道口,使交通延迟损失降低90%,为缓解港城矛盾做出了极大的贡献。阿拉米达货运走廊是近30年来美国运输领域最重要的工程之一,是美国海铁联运的典型范例(图4-2)。

图4-1　美国交通部组织机构图

图4-2　阿拉米达货运走廊示意图

②双层列车净距改善计划(Double Stack Clearance Project)。

为进行双层集装箱运输,1992年12月通过列车垂直与水平净距规范的立法,并投资8065万美元,清除Conrail公司自俄亥俄州至宾夕法尼亚的东西向路线,以及Canadian Pacific公司自纽约州边界至宾夕法尼亚的南北向路线,两条路线沿线共163个障碍(陆桥、隧道等)。项目完成后,宾夕法尼亚州的公司企业减少5300万美元的运输及物流成本,集装箱列车增加50%,并使长途的公路拖车转换至铁路双层列车,减少能源损耗与空气污染。

③芝加哥地区环境和交通运输效能(Chicago Region Environmental and Transportation Efficiency,CREATE)项目。

在芝加哥交通运输优势的形成及其向国家物流中心转型的过程中,芝加哥在基础设施持续完善和相关服务创新方面的努力尤为突出。从基础设施来看,早期芝加哥比较注重运河、铁路等运输线路和场站的建设,随着运输物流的延伸和贸易规模的扩大,芝加哥的仓储设施以及转运设施也不断扩容升级,形成了占地100英亩的全美最大肉类仓储中心等大型设施。1980年以后,随着交通设施的进一步完善,多种运输方式之间的转运对接成为日益重要的问题,2003年,芝加哥市市长发起了投资额在30亿美元的CREATE项目。

CREATE项目是由美国交通部、伊利诺伊州、芝加哥市、芝加哥通勤铁路、美国铁路客运公司以及美国铁路货运企业共同合作开的,旨在改善和提高客货运输的效率。在这个项目中,各企业将各自掌握的数据带到一个模型中,模拟物流运营状况,并根据模型模拟的结果,扩充相应的物流空间,以确保物流服务的畅通。CREATE项目改善了四大铁路通道的交通状况,缓解了火车和汽车的延时,从而使客货运更有效率。CREATE项目包含了70个子项目。

4.2.2 欧盟

(1)政策措施。

欧洲的货物平均运输距离为300~500km(90%的货物运输距离不超过200km),大大低于美国和加拿大的平均运输距离(1000km)。因此,欧洲的多式联运并不是简单地得益于运输距离的经济性。为此,欧洲多式联运的很多政策和项目设计都要求有很强的创新思维,尤其是考虑到交通拥堵和环境保护的限制时,要充分利用各种运输方式自身独特的特点和特性。欧盟主要通过放宽对于多种运输方式混合运营的限制、对多种运输方式混合运营的财政激励、特种关税豁免、对多种运输方式混合运营提供信用优惠等方式推进多式联运发展,大体可以分为:豁免车辆税;豁免或者补偿道路基础设施收费;对组合运输总的重载车辆提高限重标准(Directive EC96/53);豁免道路禁行政策;减少铁路网收费等。

欧盟27个成员国当中的17个完全采纳并且应用了关于减免公路运输车税的激励政策,7个成员国(塞浦路斯、爱沙尼亚、芬兰、希腊、卢森堡、罗马尼亚、瑞典)除了应用多式联运法案强制规定的政策外,没有采纳其他的激励政策。

目前,在欧盟内共有42项关于多式联运发展的激励政策,都与公铁联运有关,而且其中有4项政策是关于专门降低铁路的使用费;在剩下38个激励政策当中的21个同样也支持内陆公水联运。大多数激励措施涉及的是多式联运运作、终端投资补助和解除车辆行驶禁令,而涉及公海联运的激励政策相对较少,只有12项。

(2)专项行动。

①马可波罗项目(Marco Polo Programme)。

马可波罗项目是欧盟为了调整货运结构,治理交通拥堵,促进多式联运发展而采取的货运补助政策,在2003年开始实施。马可波罗项目主要是通过促进货运向更环保的运输方式转移,以抑制公路货运带来的交通拥堵,并改善交通系统的环境效益。2007年,开始实施马可波罗计划Ⅱ期,主要是扩大财政资源的项目范围和加大补贴力度。马可波罗计划的资助是以直接补贴的形式实行,每年的资助预算约为6000万欧元,旨在每年转移约200亿t·km的公路货运量。马可波罗计划对每个类别项目的补助标准和条件都有严格的规定,只有符合一定条件的项目才能获得规定比例的补贴,具体的资助范围分为以下5类:货运从公路运输转移到铁路运输或水路运输;促进货运从公路运输转移到铁路运输或水路运输的行动;主要港口间的海上高速公路项目;避免货运发生的项目;关于运输方式转移知识学习的项目。

虽然,马可波罗项目可以资助以上5类项目,但实际上大量资助用于运输方式的转移项目(直接补贴多式联运使用者的项目),如2010年马可波罗项目共资助32个项目,其中26个属于运输方式转移的项目,19个项目资助用于铁路。马可波罗项目的实施对促进欧盟的运输方式转移效果显著,截至2010年年底已经资助了150多个项目,其中,83%属于运输方式转移项目。马可波罗项目肯定了铁路运输方式和水路运输方式的环境效益,是欧盟促进多式联运发展的最直接有效的举措。

②物流运输行动计划。

为了促进多式联运的发展,同时从物流的角度提高欧洲运输系统的效率,2007年,欧盟出台了《物流运输行动计划》(Freight Transport Logistics Action Plan),这是一个中短期的行动计划，其中与多式联运相关的主要有电子货运（e-Freight）和智能交通系统（Intelligent Transportation System，ITS）、物流运输的可持续发展与效率两大方面。

在电子货运和智能交通系统方面，物流运输行动计划提出网络货物和电子货物的概念，并强调智能交通系统对交通运营的促进作用。物流运输行动计划要求尽快找出发展电子货运和智能交通系统在物流运输方面的瓶颈，使网络货物的发展标准化，在2009年前完成ITS应用于物流运输的发展框架，包括监控危险货物和牲畜运输、追踪定位和数据地图等；在2009年前完成标准地描述货运信息数据集合的指令授权工作，如无线射频识别技术（Radio Frequency Identification，RFID）；在2010年前建立物流运输信息流的标准，确保各种交通方式信息资料的集中和互操作，提供一个开放的、稳健的信息平台，保证用户与管理者，以及管理者之间的数据流通与共享。在物流运输的可持续发展和效率方面，物流运输行动计划要求建立一个综合性的指标体系，量度和考核物流运输链的绩效（如可持续性和效率等），通过这个指标体系促进货运向更加环保的运输方式转移；建立一套综合性评价多式联运枢纽的衡量标准，评价多式联运枢纽的绩效情况等。物流运输行动计划确定了欧洲在物流运输方面促进多式联运发展的工作方向，特别表现出对多式联运信息化的重视。

③成员国之间建立联合运输通用准则指令。

欧共体在1992年出台《成员国之间建立联合运输通用准则指令》（Council Directive on the establishment of common rules for certain types of combined transport of goods between Member States），并在2006年对其进行修订。该指令定义了联合运输（Combined Transport）的标准含义，对联合运输的公路段、主运输段和运输环节均作出详细规定，如必须使用铁路运输或水路运输超过100km；多式联运货物必须由距货物OD点最近的铁路车站装卸；使用水路运输时，公路运输距离必须低于150km等。

该指令重点要求成员国采取政策措施支持联合运输发展，为符合"联合运输"定义的始末端公路运输提供税收优惠和资金补贴，放宽从事联合运输的标准，鼓励公路卡车为多式联运进行接驳运输。例如，在一国取得从事跨国营运资格的承运人有权利使用联合运输的方式进行货物运输；当货车从事联合运输时，成员国对消费税、车辆税、道路税、重型车辆税、特殊车辆税等税项应该有所减免或按照一定的标准补偿等。原来多式联运政策大多是提高多式联运的运营效率和服务水平，而这一指令开始转向为多式联运使用者提供更加直接的政策支持和税收优惠，减少使用者成本，吸引更多的中长距离货物运输转向多式联运。

④内陆港口运输集成行动计划(The NAIADES Action Programme,NAIADES)。

2006年初,欧盟委员会提出了内陆港口运输集成行动计划,目的在于促进内河水路运输的发展。NAIADES主要关注如何更好地利用内河水路的巨大潜力,以提高内河水路运输的运输量,缓解严重拥挤的陆路运输。NAIADES主要围绕着内河水路运输的市场开发、船舶现代化、就业和技能、形象和基础设施五个方面而展开,采取的主要措施有:在欧洲层面上,协调法律规定;不断将船舰和导航工具现代化;提升内河水路运输作为环境友好型运输方式的形象;在有效连接各流域和整合各种运输模式的同时,进行基础设施的现代化建设。NAIADES能够识别出内河航道存在的环境问题。由于NAIADES取得了良好的实践效果,2012年欧盟委员会提出继续开展实施NAIADES,并将2006—2013年定为NAIADES Ⅰ实施阶段,2014—2020年定为NAIADES Ⅱ实施阶段。

4.3 欧美推进多式联运发展的主要技术政策

欧美发达国家近二十年纷纷将多式联运视为综合运输系统优化和可持续发展的主导战略,并积极通过法规统一、标准构建、设施改善、装备提升、政策扶持等一系列具体行动,积极推进多式联运的发展。其中,技术政策是欧美国家促进多式联运发展政策的重要内容。目前,欧美国家在基础设施、运输装备、运输组织、标准规范、信息技术等方面已经形成了完备的技术政策体系,极大地促进了多式联运的技术进步,值得我国学习和借鉴。

4.3.1 基础设施

欧洲关于运输网络和通道的规划可以追溯到欧盟成立前。为加强西欧和中东欧地区间的合作,1994年召开的第二届泛欧运输会议便确定了10条优先运输通道。这10条交通通道的铁路里程共计20700km、公路里程共计18600km,有68个联合运输中转站,绝大部分计划在2015年之前完成新建或改建,所需总投资约900亿欧元。

欧盟从1996开始启动全欧交通网络计划(Trans-European Transport Networks,TEN-T),其主要目的是通过协调改善各国主要的公路、铁路、内河航道、机场、港口和交通管理系统,从而形成一体化及多式联运的长途、高速运输网络。TEN-T提出初期,主要以缓解基础设施瓶颈制约为目的提出建设项目,这些项目主要是单一方式基础设施建设。随着欧盟交通基础设施的不断完善,TEN-T的重心开始慢慢向综合运输网络和通道的规划布局转移。2005年欧盟预测,欧盟的货运活动到2050年将增加80%,而客流量只增加51%。因此,欧盟开始注重对综合运输网,尤其是核心运输通道的规划。

2014年1月,TEN-T提出到2050年着重打通9条贯穿全欧洲的"核心运输通道",其中包括2条南北走廊、3条东西走廊以及4条对角线走廊。核心运输通道将改变东西方的连接,消除瓶颈,为穿越欧盟的旅客提升基础设施效率和简化跨境手续,其目的是确保到2050年逐步实现绝大多数的旅客在这综合网络中出行不超过30min。新的核心运输通道连接包括:94个欧洲主要港口与铁路和公路相连接、38个重点机场与轨道连接到各大城市、15000km铁路线提到高速、35个减少交通瓶颈的跨境项目。核心运输网络计划在2030年完成。为实现这个目标,欧盟为交通基础设施在2014—2020年期间的融资增加两倍至260亿欧元。

美国很多重要通道建设形成于其历史上的运河、铁路和高速公路建设时期。发展到现在,这些基础设施通道也成为重要的运输通道。以2008年为例,美国公路货运通道的日均卡车交通量为8500辆;水路货运通道的运量为每年5000万t,主要为密西西比河水道;铁路货运通道的年均运量为5000万t,主要是洛杉矶—芝加哥—纽约的东西海岸铁路联运通道。

1991年出台的"冰茶法案"规定:特定运输线路或通道具有投资优先权,并指定了21条高优先级通道,总计超过16.3万mile,内容包括原路扩容、新路修建、增加支线或网络连接线等,目的是改进这些通道的通行能力。到2005年底,这些通道已经增加到80条。其中,有的通道只在一个州内部,而有的通道则跨好几个州,比如东西大通道(East-West Transamerica Corridor from Virginia through Kansas)、南北大通道(I-73/74 North-South Corridor from South Carolina through Michigan)。

2006年,美国交通部发起了"未来的通道"行动计划。2007年,美国交通部提出首批选择6条跨州线路(I-95、I-70、I-15、I-5、I-10、I-69,这6条通道承担着全国日均跨州交通量的22.7%)实施该计划,实施内容包括线路加宽等改善行动、新建桥梁、辅道、延伸线路、改进货车专用线、增加货运和客运铁路专线、使用新技术(如ITS)等,以保持交通畅顺。

2012年,为缓解高速公路瓶颈处拥堵问题,美国颁布了MAP-21法案,提出建立美国的国家货运网络(National Freight Network,NFN),整合整个货运系统提高货运效率。

美国国会规定,其国家货运网络包括:

(1)高速公路的主货运网络(Primary Freight Network,PFN),由美国交通部划定,总里程不得超过2.7万mile,并预留了0.3万mile以满足未来发展的需要;

(2)重要的农村货运通道(Critical Rural Freight Corridors,CRFC),有各州划定,里程没有限制;

(3)不属于PFN的其余州际公路部分,保持在1.7万~4.7万mile之间。

依据MAP-21运输法案授权,2013年FHWA通过识别货运起讫地、货量和价值、交通流量以及区域经济和人口因素等,划定了4.1万mile综合性的货运通道网络,其中2.7万mile为主货运网络(Primary Freight Network,PFN)。为改善基础设施条件,美国还加大了投资力度,2014年颁布的《美国成长法案》提出:未来六年联邦投资180亿美元用于改善多式联运系统,占联邦交通总投资的4%。

4.3.2 运输装备

美国多式联运设备可以分为2类:一类是挂车,另一类是集装箱。其中,集装箱又分为ISO TEU以及国内TEU,国内TEU主要用于北美内陆运输(包括至加拿大及墨西哥)。挂车也只是用于内陆运输,因此,挂车及国内TEU的规格不同于ISO TEU,主要表现为长度超长,多为45ft、48ft、53ft,另外,宽度也大于ISO TEU。经过多年的发展,53ft集装箱以自身的单位成本优势及对经济和社会的积极意义,成为美国国内公铁联运市场的主要集装箱规格。美国多式联运集装箱、半挂车的主要类型和参数见表4-1、表4-2,美国的53ft集装箱和半挂车如图4-3所示。

美国多式联运集装箱的主要类型和参数 表4-1

装备规格		外形尺寸	最大总质量	应用			标准
类别	长度尺寸(ft)	(mm)	(kg)	公路	铁路	水路	
内陆集装箱	48、53	16154×2600×2896	30480	√	√	√	AAR M-930
ISO TEU	20、40、45	12196×2438×2896	30480	√	√	√	ISO 668 ISO 1496
罐式集装箱	40	12192×2438×2591	30480	√	√	√	ISO 668 ISO 1496

美国多式联运半挂车的主要参数 表4-2

装备规格	最大外形尺寸	最大总质量	应用			标准
	(mm)	(kg)	公路	铁路	水路	
半挂车	16154×2600×4115	29485	√	√	√	AAR M-931

美国食品饮料和消费品制造商协会(Grocery Manufactures' Association,GMA)制定的托盘标准为1219×1016mm,刚好与内陆箱标准相匹配,53ft内陆箱(16002×2515mm)刚好可以放30个标准托盘,最大程度地利用了装载单元的空间,同时提高了运输效率(图4-4)。

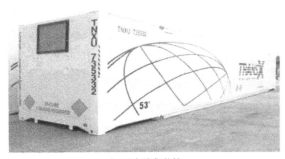

a) 53ft内陆集装箱　　　　　　　　　b) 53ft厢式半挂车

图 4-3　美国的 53ft 集装箱和半挂车

- 厢式半挂车内尺寸：16130×2565mm
- 53ft内陆箱内尺寸：16002×2515mm
  美国托盘尺寸：1219×1016mm（48×40in）

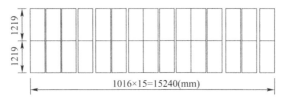

图 4-4　美国的托盘标准

底盘车是美国集装箱运输中不可或缺的工具之一。由于历史原因造成的美国轮载运输模式的特殊性，在美国运营集装箱业务的船公司一般都向货主提供底盘车运输服务，因此，相当比例的底盘车曾经归船公司所有和运营。后来，为了降低成本并与其他国家/地区的底盘车供应模式保持一致，许多船公司不再持有底盘车的产权。目前，美国地区营运的底盘车大约有 80 万台，主要通过多式联运设备提供商（Intermodal Equipment Provider，IEP）来运营管理。

铁路运输工具方面，集装箱铁路平车多为平台双层堆叠平车，能同时兼容 1 个 53ft 或者 2 个 28ft 半挂车运输，多采用 5 节甚至 10 节组成关节车组。北美铁路限界较高，采用普通铁路集装箱平车的结构型式即可完成驮背运输（图 4-5）。

图 4-5　北美公路半挂车的驮背运输

公路运输工具方面,美国高速公路上行驶的货运车辆几乎全是53ft厢式半挂车组成的汽车列车,敞篷式货车、单车体厢式货车则难觅踪迹。与单体货车相比,汽车列车具有巨大的效率优势。在车辆技术标准方面,美国已形成了完善的甩挂运输标准,包括对牵引车、挂车单车的要求以及牵引车和挂车组合的方式,甚至连接部件都有统一的规范。美国《联邦公路法》规定:半挂车总长度为53ft(约为16.15m);半挂车总宽度为102in(约为2.6m);半挂车总高度为13ft 6in(约为4.115m)。根据美国法律,原有各州的标准在各州仍然有效,联邦的规定各州不执行也不违法,但享受不到联邦政府的资金支持。各州半挂车的长度规定不尽相同,在45ft(13.72m)~60ft(18.29m)之间。38个州执行半挂车总长度为53ft(约为16.15m)的标准,占51个州的74%。联邦法规对半挂车总长度的规定有一个渐进放大的趋势,原规定是48ft(约为14.63m),后来变化到53ft(约为16.15m),目前,美国正在探讨将长度放大到60ft(约为18.3m)的可能性。

航空运输方面,把持美国快递市场近75%的FedEx和UPS拥有世界上最大的全货运飞机机队,截至2023年底,FedEx共运营飞机696架,其中自有675架,租赁21架,是拥有全货机最多的企业。截至2023年3月,UPS拥有284架飞机,其中不包括租赁的117架飞机,总计达到401架。强大的航空资源保证了FedEx和UPS在北美乃至全球范围内提供高时效的快递业务。

美国的多式联运装载单元的换装主要有两种形式:滚装和吊装(图4-6、图4-7)。滚装是指道路车辆或者半挂车通过自带的或附加的滚轮水平装卸转运多式联运装载单元的作业方式,因此不需要专门的换装设备。吊装是指使用起重装备和专用吊具垂直装卸转运多式联运装载单元的作业方式,需要专业的起重设备。

图4-6 多式联运吊装转运

图 4-7 多式联运滚装转运

其中,吊装转运形式又可以分为集装箱的吊装和半挂车的吊装。由于标准的集装箱顶部装有吊装装置,因此,集装箱的吊装主要是采用顶部抓取的形式进行。而半挂车的吊装即可从顶部抓取,也可以从中部、底部进行抓取(图 4-8)。集装箱的吊装设备已经形成了国际标准,如集装箱门式起重机、集装箱正面吊运起重机、集装箱叉车、集装箱吊具等。针对半挂车美国也有专门的吊装设备,有的吊装设备可以集装箱和半挂车(整车)可以兼用。

a) 门式起重机

b) 轮胎式起重机

图 4-8 多式联运半挂车吊具

欧洲已发展起三种基本的标准化装载单元,即集装箱、可脱卸箱体(swap-body)、厢式半挂车(semi-trailer),如图 4-9 所示。每种装载单元又有不同的尺寸和系列标准,见表 4-3。

a) 45ft内陆集装箱　　　　　b) 7820交换箱体　　　　　c) 13720侧帘半挂车

图4-9　欧盟不同的装载单元形式

欧洲多式联运集装箱的主要类型和参数　　　　　　　表4-3

装备规格		外形尺寸	最大总质量	应用			标准
类别	长度尺寸	长×宽×高(mm)	(kg)	公路	铁路	水路	
内陆集装箱	45ft	13716×2550×2896	34000	√	√	√	A1371(草案)
ISO集装箱	20HC ft 40HC ft 45HC ft	6058×2438×2591 12192×2438×2591 13716×2438×2896	30480	√	√	√	ISO 668 ISO 1496
交换箱体	7450mm 7820mm	7450×2500×2670 7820×2500×2670	16000	√	√		EN283 EN284
罐式集装箱	40ft 24ft	12192×2438×2591	30480	√	√	√	ISO TANK

在装载单元方面,欧盟与美国最大的不同便是可脱卸箱体,如图4-10所示。箱体规格基本上是由各国自行规定的。以德国为例,其箱体宽为2500mm,长有6251mm、7150mm、7420mm、7820mm和8220mm多种规格。装载方式为门型抓斗臂吊起的方式,抓斗臂的位置均统一于4876mm的宽度,并利用与20ft ISO集装箱相同位置上装备的角配件将箱体紧固于货车。法国称为活动货箱(Caiss Mobile),其箱体宽为2500mm,高2590mm,长有6300mm、12401mm和13600mm三种规格。

对于运输车辆,欧洲更偏重于运输效率,降低运输成本,这就必须尽可能地减轻自重。所以,欧洲制造商在产品轻量化设计方面是不遗余力的,力图减轻帆布篷载货汽车、厢式挂车和其他种类半挂车的自身质量。其中,厢式半挂车是欧洲的主力运输车型,侧帘厢式车占其中的40%以上,两侧配置帘布,具有自重轻、成本低、便于装卸的特点。欧洲多式联运半挂车的主要参数见表4-4。

图 4-10 欧盟可脱卸箱体

欧洲多式联运半挂车的主要参数 表 4-4

类别	最大外形尺寸 （mm）	最大总质量	应用			标准
			公路运输	铁路运输	水路运输	
半挂车	牵引销到后端 12m： 13720×2550×4000 列车：16500	约 34t（加上牵引车 列车总重 40t）	√	√	√	EC 96153 EN 12641 EN 12642 UIC 596-5

为了提高运输装备的运输效率，欧盟启动了 TelliBox 项目。Tellibox 集中了集装箱、可脱卸箱体、半挂车等各种装载单元的优点（集装箱的可操作性和安全性、半挂车的装卸设施和规格、可脱卸箱体对装卸区域的有效利用），并且可以用于多种运输方式。Tellibox 与现行标准一致，适用于三种运输方式（道路、铁路和水路），长度为 45ft，内部高 3m、容积为 100m^3。其可在顶层进行操作并且可多层堆放，还可以三面打开，提高装卸效率，除此之外，其还可以在现有的铁路低平板车上使用，并且还有防盗的特点。

欧洲托盘的标准主要为 1200×1000mm 和 1200×800mm，刚好可以与半挂车内尺寸相比匹配，最大程度装载 34 个标准托盘，如图 4-11 所示。

公路运输工具方面，在欧盟的车型标准化体系中，主要包括三大模块即荷载单元（车厢）、车辆和挂车。其中，荷载单元主要包括 7.82m 的短单元和 13.6m 的长单元；车辆则主要包括运输 7.82m 短单元的专用车辆以及 4×2、6×2、6×4 三类半挂式牵引车。挂车则包括 13.6m 的长单元半挂车、7.82m 的短单元中置轴挂车、可以长短调节的半挂变型车以及移动托盘。上述模块的具体组合方式如图4-12所示。

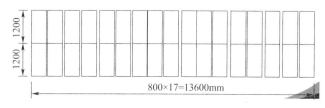

图4-11 欧洲的托盘标准

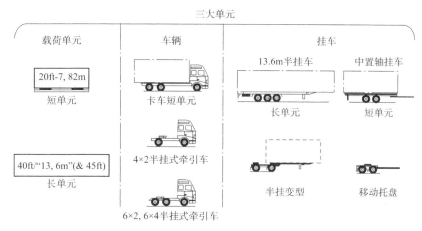

图4-12 欧盟车型标准化的具体模块单元图

有了标准化的载荷单元,相应配置多种形式的装卸设备,即可在多种运输方式之间实现高效、便捷的中转换装。不同载荷单元的中转换装方式如图4-13所示。

a) 集装箱吊装　　　　b) 高腿箱吊装　　　　c) 半挂车吊装

图4-13 欧盟三种标准化载荷单元的中转吊装示意图

4.3.3 组织模式

公铁联运是美国主要的联运方式,2020年,美国铁路多式联运运量为1350万TEU,

占美国主要铁路公司运量的约1/2,多式联运收入约占25%,是铁路货运最大的收入来源。美国7家Ⅰ级铁路公司是其铁路多式联运的主力军,承担了超过1/3的美国铁路多式联运货运量,其中美国伯灵顿北方圣太菲铁路运输公司(BNSF)是全球最大的铁路多式联运承运公司,在美国28个州和加拿大的3个省经营着大约5.2万公里的铁路网络。就美国TOFC(铁路半挂车驮背运输)和COFC(铁路集装箱驮背运输)两种主要的联运形式而言,集装箱驮背运输是铁路多式联运的主要形式。1990年,集装箱只占到美国铁路多式联运量的44%,到2000年,这一数字上升为69%。2013年,美国铁路多式联运规模为1280万集装箱(半挂车),达到历史最高水平,由于双层铁路集装箱的发展,集装箱占到美国铁路多式联运的比例达到88%,2019年这一比例增加至92%。TOFC联运形式主要由快递企业用来运输邮政包裹。

按照不同方式的组合,欧盟组合运输可以分为公铁联运(Rail/road,CT RR)、内河公水联运(Inland waterway/road,CT IWR)、近海公海联运(Short sea/road,CT SSR)。按照服务类型分为非伴随型(Unaccompanied,UCT)——组合运输装载单元通过铁路运输、内河运输或者海上运输,但没有伴随着卡车驾驶员或者牵引单元(集装箱公铁联运);伴随型(Accompanied,ACT)——组合运输装载单元通过铁路运输、内河运输或者海上运输时配备了货车驾驶员或者牵引单元(如卡车整车滚装运输)。在所有组合运输中,欧盟公铁联运占比达到了56%左右,绝大部分为UCT,比例高达97%,伴随式运输主要集中在阿尔卑斯山区。近年来,欧盟组合运输的结构变化情况如图4-14所示。

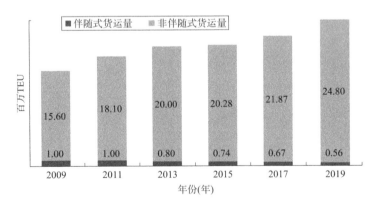

图4-14 欧盟组合运输的结构

面对日渐拥堵的道路运输状况及其对土地、能源及环境的负面影响,欧盟提出了组合运输的概念,强调全程运输中的干线部分尽可能依靠铁路运输、水路运输承担,始末端则尽可能少地由道路运输完成,充分体现了欧盟交通可持续发展的理念。欧盟在《成员国之间组合运输通用准则指令》中还对组合运输的公路路段、主干线路段(铁路、水路)和运输环节做出详细规定,如必须使用铁路运输或水路运输超过100km;货物必须由距其起讫点最近的铁路车站装卸;使用水路运输时,道路运输距离必须低于150km等。

铁路运输曾经是集装箱多式联运中的主导运输方式。但由于欧洲铁路限界高度普遍较低,随着集装箱大型化的发展,欧洲铁路的桥隧限界无法满足大型箱或双层集装箱列车的开行要求。为此,欧洲铁路运输主要采取发展凹型车、小车轮低高度平车等车辆运送大型集装箱,而没有从根本上改造限界。此外,欧美还积极发展铁路双层集装箱运输、公铁整车运输、公铁两用挂车运输等联运形式,不断进行多式联运装备技术和运输模式的创新。

4.3.4　标准规范

发达国家的多式联运发展历经了半个多世纪的历史,有关理论、技术、法律标准规范已经发展得相当完善。目前,多式联运相关的国际标准化组织(或联盟组织)有国际标准化组织(International Organization for Standardization,ISO)、国际铁路联盟(Union Internationale des CheminsdeFer,UIC)、国际公铁联运联盟组织(the International Union for Road-Rail Combined Transport,UIRR)、欧洲国际多式联运协会(European Intermodal Association,EIA)、北美多式联运联合会(Intermodal Association of North America,IANA)、北美铁道协会(Association of American Railroads,AAR)等。

美国联邦运输法典中,对涉及COFC/TOFC系统、滚装运输系统以及标准化装载单元、快速转运设施设备等,均规定了详细的技术标准,奠定了设施装备的标准化基础。美国车辆的型号规格没有中国多,非法改装比较少。

长度:53ft(最新一代挂车/国内铁路集装箱)、48ft(老一代挂车/国内铁路集装箱)、45ft、40ft、28ft(国内双挂车,在不远的将来可以获批为33ft);

高度:13ft 6in(挂车)、9ft 6in(国内铁路集装箱、高箱海运集装箱)、8ft 6in(ISO海运集装箱);

宽度:102in(挂车、国内铁路集装箱)、96in(海运集装箱、旧式挂车)。

从20世纪80年代开始,美国国会和联邦政府通过了一系列法案,如《汽车承运人规章制度改革和现代化法案》《斯泰格斯铁路法》等,减少国家对运输业的控制和约束,使得运输企业可以跨运输方式经营。

欧洲的多式联运标准化体系已经成型,包括德国在内的欧盟国家,目前已经发展起了三种统一标准的多式联运载荷单元,即:海运集装箱、厢式半挂车和小型高腿箱。海运集装箱遵循国际通用标准ISO 668,而半挂车和可拆卸箱体则由欧洲标准化委员会统一制定其外廓尺寸、总质量和轴载限值标准,并建立了欧洲载货汽车货运模块化系统(European Modular System,EMS)。欧洲45ft内陆集装箱外宽为2550mm,长度为13716mm。铁路平车可以同时装载1个40ft或45ft集装箱,或2个20ft箱,或2个7820mm交换箱体,也可以直接装载和固定13720mm长的公路半挂车。欧洲厢式车和交换箱体的试验需满足《公路车辆货物固定—商用车辆的车身结构—最低要求》(EN12642)、《交换箱体—检验》(EN283)、《交换箱体;C级交换箱体;尺寸和一般要求》(EN284)的要求。公铁联运半挂车需满足《联合运输中联运装载单元、联运线路和车辆的编码条件》(UIC 596-6)的要求。货物托盘标准是按照欧洲托盘协会(European Pallet Association,EPAL)标准执行。

4.3.5 信息化与智能化

多式联运的参与者较多,从内陆的货代、船代、铁路运输部门到沿海的港口、船公司、多式联运经营人和国际货运代理人,众多主体之间的信息传递离不开现代信息技术和信息系统,信息资源的自动化程度和共享化水平很大程度上决定了多式联运的效率。因此,在项目硬件建设的同时建立统一的、符合国际惯例的信息管理操作规范流程和数据交换标准,是提升多式联运运作效率的关键举措。

美国在场站管理上广泛使用先进的自动化技术,电子数据交换(Electronic Data Interchange,EDI)系统和集装箱识别系统的使用,使得可以预先安排集装箱的运输流程,并根据集装箱贴上的标识,实现集装箱的跟踪和定位。

9·11事件后,美国率先提出"智能集装箱"和"绿色通道"概念。美国倡导的集装箱安全协议(Container Security Initiative,CSI)是美国为确保进港集装箱安全而采取的新举措,所有输美集装箱将安装RFID电子封条,通过数据读取仪从电子封条上获取数据,然后实时传送到特设的信息平台。RFID技术在室外开阔地跟踪货物方面也有极大价值,利用这项技术,监管部门减少了装载时的集装箱查找时间,提高了作业效率,客户也可以获得及时的集装箱移动信息。

除此之外,美国的商用车辆信息系统和网络(Commercial Vehicle Information System and Network,CVISN)不仅包括国家政府管理部门投资运营的信息系统,还包括一些国内运输企业和一些个人投资运作的网络信息系统。CVISN在现有的信息通信标准及现有通信设施的基础上,建立一种新型交通信息共享交互框架体系,以保障运营车辆运营的安全、简单、高效和经济。

欧盟TEN-T建立了TENtec信息系统,用来发布地图、数据、交互性资料以及TEN-T

项目进展、年度报告等资料。除此之外,TEN-T 推广欧洲铁路交通管理系统(European Rail Traffic Management System,ERTMS)、内河服务信息(River Information Servives,RIS)系统、轮船交通监控和信息系统(Vessel Traffic Monitoring and Information Systems,VTMIS)等信息技术促进信息交流和共享。2007 年,欧盟出台了《物流运输行动计划》,推动电子货运(e-Freight)和智能交通系统,并提出在 2010 年前建立物流运输信息流的标准,确保各种交通方式信息资料的集中和互操作,提供一个开放的、稳健的信息平台,保证用户与管理者以及管理者之间的数据流通与共享。2020 年,欧盟公布的《可持续与智能交通战略》提出要依靠数字技术创建一个全面运营的跨欧洲多式联运网络,计划到 2025 年在欧洲主要陆路交通线上实现不间断的 5G 网络覆盖,并推进整个交通运输网络的 5G 部署,为智能运输创造技术条件。

4.3.6 安全与绿色

推动多式联运安全绿色发展,欧美国家均采取了多种形式的专项计划,大力推广安全环保的多式联运技术。

为改善洛杉矶港与长滩港的联外铁公路交通,减轻伴随港埠成长而来的交通拥挤、铁路公路交叉处的延滞、铁路列车在住宅区所产生的噪声以及空气污染等问题,美国投资 18 亿美元对由港区至洛杉矶市中心全长约 20mile 的铁路线进行改造。改造后,因交叉路口引发的延滞减少 90%,列车噪声减少 90%,列车废气排放减少 28%,列车运行时间减少 30%,列车等待减少 75%,为进行双层集装箱运输,1992 年 12 月通过列车垂直与水平净距规范的立法,并投资 8065 万美元,清除 Conrail 公司自俄亥俄州至宾夕法尼亚的东西向路线,以及 Canadian Pacific 公司自纽约州边界至宾夕法尼亚的南北向路线,两条路线沿线共 163 个障碍(陆桥、隧道等)。2006 年初,欧盟委员会提出了内陆港口运输集成行动计划项目(NAIADES),项目主要关注如何更好地利用内河水路运输的巨大潜力,以提高内河水路运输的运输量,缓解严重拥挤的陆路运输。NAIADES 还提出提升内河水运作为环境友好型运输方式的形象等措施。

4.4 对我国的启示

(1)强化战略定位,加快推进多式联运发展。

在经济发展要求及资源环境约束等多重背景下,欧美国家均将发展多式联运作为交通运输的核心政策,并通过法案等形式将其上升为国家战略。对于我国而言,虽然我国尚处在运输化的初级阶段,各种运输体系尚不完善,但有必要借鉴发达国家的经验和教训,未雨绸缪。

中国在加快推进综合运输体系建设进程中,必须把多式联运置于核心目标,着力构建以多式联运需求为导向、以各种联运形式竞相发展为路径、以基础设施衔接为依托、以运输链整合优化为载体、以设施设备标准化为基础的多式联运组织体系。学习和借鉴欧美经验,把多式联运作为中国交通运输集约高效绿色发展的首要战略,更加注重联运的组织衔接和一体化运作模式创新,切实把发展多式联运作为推进综合运输体系建设的主要任务。同时,借鉴"冰茶法案"的经验,加强多式联运的法律建设,通过立法推动并保障各种运输方式间的协调发展。在法律框架内对国家运输政策的核心目标、对各利益主体的权利与责任以及推动多式联运发展的重点等方面进行清晰的界定和明确的表述,统一调解并理顺多式联运业务链条中不同运输方式企业之间的责权利关系,以实现最大限度地减少各利益主体之间的排斥与摩擦,并最大限度地提高行政效率。

(2)注重政府引导,创新多式联运政策法规。

由于各国的地理条件、资源禀赋和经济发展水平等背景不同,使其多式联运的政策目标、政策重点、政策内容等方面都各有侧重和不同的特色。美国注重发挥市场的作用,通过放松市场管制、完善准入制度等方式充分释放市场主体的活力,通过专项行动解决制约多式联运发展的某些关键问题;欧洲注重多式联运政策和项目设计创新,通过制定专项的行动计划引导公路运输向水路运输转移。各国均致力于发挥政府的引导作用,创新多式联运的法规政策,完善多式联运发展的制度环境,积极推动多式联运的发展。

当前,我国促进多式联运发展的政策在系统性、覆盖面和支持力度方面仍有较大的局限性,需要积极借鉴欧美国家在推进多式联运发展中的法规支持、规划引导、财政补贴、税费优惠、市场准入、专项行动、公平竞争等多个领域的经验,加强国家层面对发展多式联运的公共政策的顶层设计,探索综合运用各种政策手段,系统构建扶而具体、促而有力的政策体系和公平公正、执行严格的法规体系,为不断激发市场活力、优化市场环境、发挥企业创新的主体作用营造良好的政策法规环境。

(3)加快完善规制,充分激发市场主体活力。

市场主体是多式联运服务的直接供给者,是多式联运服务质量不断提升、实现可持续发展的根本。欧美均通过放松管制改革,减少国家对运输业的控制和约束,推动运输业更接近于自由市场的体系,激发了市场主体活力,进而有力推动了服务创新和技术创新,最终有力推动了经济发展。欧盟在多式联运政策和项目设计上更加精细,通过一系列专项的行动计划,引导企业在提升自身效益的同时,主动履行节能减排等社会职责,并取得显著效果。

我国在推动多式联运发展的过程中,需要集欧盟和美国两家政策设计之长,结合我国国情,强化政策创新,在加快建立统一开放、竞争有序的现代市场体系的同时,探索创新多样化、差异化财税政策、通行管控政策等,增强政策对企业的吸引力,引导公路货运向铁路、水运转移,引导甩挂运输、共同配送等先进运输组织方式发展,引导厢式化、标准化、轻量化、清洁能源车型的大范围应用,引导集装化运载单元的普及,引导市场主体向综合化、竞合融合转变,系统改善多式联运发展的制度环境。

(4)提升衔接水平,优化多式联运基础设施。

分析欧美交通政策的重点,在交通基础设施基本完善的情况下,仍高度重视基础设施建设投入,近年来对综合运输体系基础设施投入更是呈现不断加大的态势,投入的重点领域则是综合运输通道和网络建设、集疏运体系完善以及枢纽节点,从而形成一体化的多式联运网络系统。

基础设施无缝衔接是多式联运高效运作的前提和基础,充分考虑经济发展需求和技术条件变化,不断优化多式联运基础设施、不断提升多式联运网络运作效能,将是我国多式联运发展进程中的一项长期、系统工程。需要着眼国家重大区域发展战略和重大生产力布局,着眼综合运输体系构建、着眼多式联运高效运作要求,统筹利用好现有资源,强化顶层设计,做好综合交通基础设施规划与建设的衔接与匹配,强化薄弱环节建设,同时避免重复建设、产能浪费、同质化竞争。

(5)加强技术创新,提高标准化专业化水平。

欧美国家多式联运的发展历程,也是一个装备和技术不断创新并形成标准的过程。技术装备水平的不断提升,有力提升了多式联运运作效率,推动了多式联运快速发展:集装化运载单元的应用,提高了作业效率,使得集装箱更大范围应用成为可能,驮背运输解决了缺乏大型起重设备的矛盾,双层集装箱列车提高了货物运输的效率,解决了铁路平车不足的问题。

我国的装备整体技术水平发展滞后,有必要借鉴欧美经验,加快构建适合中国国情、基于标准化运载单元的多式联运技术标准体系,这是中国当前亟待破解的突出瓶颈和首要技术难题;同时,加快开发高效转运技术装备,加快推进跨方式、跨部门、跨区域信息互联共享,积极探索基于(半)挂车、可脱卸箱体、内贸箱等的多式联运形式,研究驮背运输、滚装运输在中国推广的可行性。通过技术创新,拖动我国多式联运向标准化、专业化、智能化、多样化发展。

（6）利用综合施策，明确技术发展方向。

为鼓励多式联运园区发展，德国在联邦政府主导的物流园区规划建设中，将多式联运中转功能作为必要条件，联邦政府对联运设施设备的资助比例最高可达85%。目前，德国共有多式联运中转站122个，其中77个得到了政府的财政补贴。欧盟要求各成员国进一步放宽对从事组合运输的标准要求，如在德国，法律规定公共道路上卡车总重不得超过40t、周日不得上路行驶，但对参与组合运输的卡车，总重允许放宽至44t、不受周日禁行限制。美国交通运输部对全国港口、机场、公路和铁路枢纽站场等进行了全面评估，最终确定了全国616个多式联运物流节点，为保证这些节点的集疏运，政府建设了1222英里的公路专用线，其中，对于一些货运量较大的节点，确保有多条集疏运线路，而对于另外一些站点，则确保与国家公路网无缝对接。

我国也应综合施策，通过资金补贴、放宽标准、强化基础设施配套等，切实推进多式联运发展。

第5章 我国多式联运发展技术政策主要内容

5.1 基础设施

(1)加强多式联运基础设施规划研究。

多式联运应作为综合交通运输规划的重要内容,明确推进多式联运发展的工作目标、建设任务及政策措施。统筹考虑交通运输、地区经济、人口、产业和生态环境,研究提出多式联运规划理论、技术和方法。推动国省干道交通情况调查数据、高速公路收费数据、道路运输重点营运车辆联网联控数据、铁路站发送和到达数据、主要港口吞吐量数据等整合,建立区域间、国际上主要通道辐射范围、流量流向、货品货类、货物价值等动态监测评估体系,鼓励利用大数据等先进信息技术提高多式联运规划的科学性。积极推进"多规合一",提高铁路、公路、水路、航空、邮政等各类专项基础设施规划的有效对接水平。

(2)加快构建国家多式联运主通道,提升多式联运骨干网络通行能力。

推进物流大通道建设,加快形成横贯东西、联结南北、对接国际的骨干联运设施网络。补齐不同区域间和主要城市群间干线铁路、内河航道等基础设施短板,加快高速公路瓶颈、繁忙区段扩能改造,完善中西部地区干线铁路运输网络,持续推进长江等深水航道建设,扩大三峡枢纽通过能力。

开展国家物流大通道的货运流量流向统计分析以及瓶颈环节和关键节点的监测与识别,对多式联运骨干网络的通行能力进行量化分析。推广应用甩挂运输、滚装运输、双层集装箱运输等新型多式联运技术,提高多式联运网络通行能力。鼓励通道内推广应用高速公路电子收费、营运车辆联网联控、动态称重检测(Weight in Motion,WIM)和车辆自动识别(Automatic Vehicl Indentification,AVI)系统等先进技术,提升通道的通行效率和服务功能。鼓励创新通道运行协同管理机制,研究货车专用道、货车夜间通行费优惠等政策,强化通道运行综合治理能力。

(3)统筹建设国家多式联运枢纽,提升多式联运枢纽站场辐射能力。

加强综合交通枢纽节点规划布局优化,统筹考虑城市发展、产业布局、区域一体化等需求,推动形成若干个经营规模大、中转效率高、辐射范围广的全国性、区域性多式联运服务基地。鼓励站场设施开放共享,避免无序竞争和重复建设。加快既有站场设施资源的综合利用和升级改造,积极拓展多式联运、快递分拨、综合物流等服务。优化内陆无水港节点布局,完善与沿海地区联运通道和枢纽网络。研究完善多式联运枢纽站场建设和运营服务标准规范,加强在设施、装备、管理、信息等方面的配套衔接。

制定多式联运枢纽站场建设标准、运营服务规范以及快速转运流程规范,以快速转运为目标推进枢纽的设施设备技术改造和运输组织流程优化。引导铁路港前站与港口货运枢纽设施的统筹布局和一体化建设,鼓励"前港后园"式物流园区发展。鼓励大数据、物联网、移动互联等智能技术在多式联运枢纽站推广应用,推动线上线下互动、信息互联共享,实现货物流程可控、流向明确、快速集散。鼓励推广越库作业(cross docking)技术,优化最先和最后一公里快速集疏网络,提高干线运输与城市配送的转运效率。

(4)提升多式联运枢纽集疏运能力。

重点推进沿海和内河主要港口疏港铁路、疏港专用公路建设,缓解交通拥堵和港城发展矛盾。加快推进高等级公路与机场、铁路站场连接,鼓励有条件的物流园区规划建设铁路专用线和专用集疏运通道,实现货物的快速集散。加强铁路、航空货运枢纽的公路集运和分拨站点配套建设,优化"最先和最后一公里"配送通道。加快推进长江、珠江等内河水运大通道支线航道网络,畅通水水中转通道。

(5)推进铁路双层集装箱运输通道设施改造。

双层集装箱运输是一种先进的运输方式,具有规模性强、单位费用低等特点,可有效提高运输能力,降低运输成本,已成为许多国家铁路集装箱运输的重要方式。从国外情况看,为了发展铁路双层集装箱运输,美国曾提出"双层列车净距改善计划",通过立法修改列车垂直与水平净距标准,投资支持特定铁路通道的净空改造。美国铁路双层集装箱班列占铁路班列总数的80%以上。我国铁路从2001年开始研究双层集装箱运输,2003年成功研制出了具有自主知识产权的首批双层集装箱专用平车。2004年开始在北京、上海推出双层集装箱班列,为确保双层集装箱列车在我国开行的可行性和安全性,2003年至2007年间,铁道部及相关单位对该车进行了线路动力学型式试验、环形铁道120km/h可靠性试验、京广线、京沪线平推试验、京沪运营班列在线快速测试试验。这是铁路货车中经历的试验次数最多、试验里程最长、测试内容最全面的一种运输方式,为我国铁路发展双层集装箱运输提供了强大的数据支撑,打下了坚实基础。因此,借鉴国际经验结合我国发展基础,研究推进京沪、京港澳等适宜铁路双层集装箱运输通道设施技术改造,进一步挖掘通道运输潜能。

5.2 运输装备

(1)建立我国的多式联运装备体系。

研究提出由物流单元、运载单元、运输工具、转运装备组成的接口通用、相互匹配的我国多式联运装备标准和体系表,提高运输装备的匹配性、标准化和专业化水平。以中国道路车辆标准为基础,研究制定交换箱(swap-body)和大尺寸内陆集装箱技术标准,组织开展试验研究,出台相关技术标准和安全运行技术条件。积极探索53ft内陆集装箱的应用。参考美国公铁联运半挂车标准《支承装置规格及性能验证标准》(AAR M-931)和欧洲挂车标准《公路车辆货物的固定—商用车辆的车身结构—最低要求》(EN 12642),制定中国的多式联运半挂车标准。建立铁路联运平车标准,根据中国铁路平车的轴载、限界等条件开发车可以同时装载ISO集装箱、内陆箱、交换箱体和半挂车的多功能铁路平车。研究制定基于半挂车、内陆集装箱和交换箱的转运设施设备标准体系,鼓励研发专业化的运载单元载运机具。

(2)推广应用专业化的标准运输装备。

大力发展集装化、厢式化运输,大力推广应用集装箱、厢式半挂车等标准化运载单元和货运车辆。推进粮食、煤炭、矿石等大宗物资"散改集"运输,推广应用"散改集"装备和技术。鼓励多式联运装备大型化发展,对专门从事多式联运的运输工具放宽尺寸要求和载重限制。推动汽车列车模块化、铁路联运平车、半挂车专用滚装船、商品车铁路运输专用车辆、冷链运输、危化品运输等特种装备。推广应用带盘(板)运输技术,鼓励托盘和运输包装循环共用,提高物流台车、集装袋、物流箱、托盘等集装化工具的通用性和流转效率。

(3)提高装备技术创新研发能力。

提高自主创新能力,推进多式联运装备的智能化、轻量化、通用化、国际化发展。着重研究装备技术重点突破领域,开展内贸集装箱体系、铁路双层集装箱运输、公铁两用挂车、公铁滚装运输专用载运工具、高铁快递等新技术装备的技术攻关研究。引导研发基于物联网的智能转运系统,提升运输装备的自动化、通用性和现代化水平。加快完善吊装类(包括顶调、底调)、滚装类(包括公铁、公水、铁水滚装)、平移类换装转运设备技术,鼓励使用大型、高效、节能环保的装卸设备和快速转运设备。鼓励产、学、研、用相结合,建立产学研联盟,开展多式联运装备成套技术的科技攻关、研发与推广应用。

5.3 运输组织

(1)培育多式联运经营主体。

加快培育有能力提供跨运输方式服务并承担全程货物运输责任的多式联运经营人。鼓励有实力的铁路、公路、水路、航空货运企业以及邮政快递、无车承运人、无船承运人、货运代理等物流企业拓展多式联运业务,向多式联运经营人转变。鼓励传统货运企业跨方式协同协作,以资本融合、产品开发、资源共享、网络共建等为纽带,组建各种形式的多式联运经营主体。推动组建跨区域、跨方式、跨行业的企业集群式联盟,搭建多式联运经营主体发展壮大的孵化平台。

(2)提升联运服务水平。

鼓励多式联运企业推出个性化、定制化多式联运服务产品,开通铁路班列和水运班轮服务,引导公路运输企业紧密对接铁路、水路集装箱运输的接取送达业务。大力发展内陆地区的公铁、公水联运服务,推动内陆地区的商品车、煤炭等长距离公路运输向铁路运输和水路运输转移。研究制定《组合运输技术规范要求》,对运输距离不超过100km、服务于铁路和港口集装箱集散分拨的集卡车辆,各地应给予便利通行的政策支持。引导和培育集装箱、半挂车、铁路平车以及托盘等多式联运专业化租赁市场。

(3)创新联运组织模式。

继续深化铁路货运市场化改革,鼓励铁路部门拓展集装箱运输业务,推广集装箱"五定班列"和客车化运营模式,探索推进铁路零散快运、电商专列集装化、厢式化改造升级。大力发展集装箱运输,大范围推广以集装箱为运载单元的海铁联运、公铁联运、水水联运发展。依托沿海和主要内河航道大力发展半挂车驮背运输、滚装运输,相应支持研发专用设备和改造港口设施。积极发展干支直达、江海直达等船舶运输组织方式,重点发展三峡船舶翻坝运输、集装箱班轮运输、水运穿梭货运巴士、港口腹地穿梭班列等短驳运输。创新航空货物落地配模式,大力推广"空陆联运"模式。

5.4 标准规范

（1）健全多式联运标准体系。

在基础设施、运输装备、运输组织、运输服务、信息化、安全与绿色等方面，构建适合我国的多式联运标准框架体系，发布标准体系表和推进路线图。健全基于 ISO 集装箱、内陆箱、交换箱体和半挂车等运载单元的多式联运装备标准体系。制定多式联运枢纽建设、快速换装转运、吊装、平行换装等各项技术标准。加快不同方式间联运设施和装卸接驳平台的标准化建设，提高不同运输方式的基础设施衔接水平。

（2）规范多式联运规章制度。

制定货类品名代码，统一适用于多式联运的货物类型。研究提出多式联运单证，使得单证在不同运输方式之间可以通用。研究制订多式联运经营人制度，明确多式联运经营人与实际承运人及其他相关参与方的法律关系和法律责任，规范市场经营行为。建立多式联运服务规则，统一不同运输方式在合同运单、运载单元标识、承运人识别、责任边界划分等方面的服务要求。推动建立以市场为导向的多式联运价格体系，推动多式联运"一口价"服务。加快建立多式联运发展统计制度，纳入交通运输行业统计工作体系，定期组织开展多式联运市场调查、运行监测和绩效评估。

5.5 信息化与智能化

（1）推进物流信息资源整合。

研究完善公路运输、水路运输、铁路运输、航空运输等多种运输方式的信息互联共享标准，制订信息交换总体技术方案，推动现有运输信息系统的资源整合与信息共享。加快公共信息资源开放，依托国家和行业数据资源共享交换平台与现有业务管理信息系统，制定交通运输行业相关政务公共信息资源开放清单。进一步推进交通运输物流公共信息平台发展，整合铁路运输、公路运输、水路运输、航空运输、邮政、海关、检验检疫等信息资源，促进物流信息与公共服务信息有效对接，鼓励区域间和行业内的物流平台信息共享，实现互联互通。鼓励企业建立现代化的多式联运运营管理系统，进一步推广物流园区一卡通和通用物流软件，提升中小物流企业信息化水平，引导支持运输企业推进信息管理业务全覆盖。

(2) 提升多式联运的智能化水平。

依托大数据、云计算、北斗导航等技术采集交通路况、气象等信息,加强路况、车况和货物的实时监控,优化配送路线和运力。鼓励建设低耗、节能、智能化仓库,应用智能化物流装备提升仓储、运输、分拣、包装等作业效率和仓储管理水平。鼓励物联网(车联网、船联网)技术的开发和推广应用,加快营运车辆、船舶联网联控系统建设。推广应用电子面单、电子合同等数据化物流活动信息载体。开展货物跟踪定位、无线射频识别、可视化、移动信息服务、导航集成系统等关键技术研发应用。加强货物全程实时追踪、信息查询和多式联运运行调度、统计监测、市场分析等系统建设,全面提升多式联运信息化和智能化管理水平。

5.6 安全与绿色

(1) 提升多式联运安全应急管理水平。

完善多式联运安全管控(包括装载限重、危险货物界定)服务要求,统一认定标准。加强各种运输方式应急管理体系的相互对接和有效融合,建立完善跨部门、跨区域安全监管和应急协调联动机制,协同应对突发自然灾害、公共卫生事件以及重大安全事故、特殊时段交通拥堵。针对关键基础设施、重点车辆荷载、严重阻断事件进行全过程的监测预警与应急处置。建立长江危险化学品运输安全保障体系建设,督促开展长江危险化学品装卸、仓储、船舶运输等应急能力评估,推动长江危险化学品运输、货、港、航应急体系无缝对接、资源共享和互动。

(2) 推动多式联运绿色化发展。

建立多式联运能耗统计和排放监测体系,科学量化评估多式联运的节能减排效果。引导货运车辆及装备向绿色化、轻量化、节能化方向发展,鼓励和引导企业大力推广应用节能环保、新能源车船及装备,推进轻量化挂车的运用。完善节能环保市场准入工作制度,健全市场退出机制,加快淘汰老旧、高耗能、高排放的营运车船。建立多式联运装备能效标识制度。

5.7 保障措施

(1) 筹备成立多式联运技术标准委员会。

建议筹备成立多式联运技术标准委员会,加强与现有各种运输方式标准委员会的统筹协调,制定多式联运技术标准体系表。该委员会应该由交通运输部、国家发展和改革委员会、国家铁路总局等部委、单位组织,公路运输、铁路运输和水路运输的管理部门,科研单位和企业参加,建立涵盖基础标准、运输装备、联运技术、信息管理、安全应急等专业委员会以及驮背运输、滚装运输等技术委员会,统筹规划技术标准,保证各种运输方式间能公平竞争、无缝连接。

(2)搭建多式联运产学研技术创新平台。

针对多式联运发展中存在的突出薄弱技术环节,支持大型多式联运经营人、多式联运装备制造龙头骨干企业、科研院所和高校等单位牵头搭建产学研用协同创新平台,围绕多式联运应用技术创新建设高水平的重点实验室或研发中心,组织开展专项科技攻关,重点加强对内贸集装箱、(联运)半挂车车型、铁路双层集装箱、高铁快递专用成套装备等重点领域及相关标准化建设的研发支持,并进行产业化推广应用。

(3)建立部门协调机制。

我国公路运输、铁路运输、水路运输等不同运输方式之间技术标准之间衔接与协调不够,在实际应用上各种运输方式之间尚未形成合理分工,运输装备尺寸和装载能力按照各自行业标准设计,缺乏联合运输模式下运输装备尺寸、质量和安全性能等协调和协同发展。应尽快建立部门协调机制,从多式联运发展角度对相关工作进行总协调,加强法规、规划、标准、政策统筹,协商解决多式联运发展中的重大技术问题。

(4)深化国际交流与合作。

充分考虑与"一带一路"沿线国家技术标准对接的需要,使中国的多式联运技术具有更强的适应性和扩展性,推动中国的多式联运走出去。拓展对外合作渠道,强化多式联运领域的国际技术交流、协同研究和企业合作,充分吸纳国际先进经验,结合我国国情创新。利用双边(多边)国际合作机制,积极参与国际铁路运输、航道运输、航空运输相关标准、规则制(修)订,推进与国际通行标准的对接。

第 6 章 多式联运枢纽布局优化

6.1 多式联运枢纽内涵与分类

6.1.1 多式联运枢纽内涵

交通枢纽是交通网络的基本组成,是客、货、车流的重要集散中心。本书中多式联运枢纽指综合运输网络上的重要节点,是多种运输方式集中布局的区域,通常以项目包或者项目集合的形式出现,可以是一个或多个经营主体,能够通过设施衔接、业务协同、信息共享等实现货物在不同运输方式间的便捷转换和高效组织。

多式联运枢纽的主要特征如下。

(1)网络性。多式联运枢纽一定处在一定范围的综合运输网络上,是网络上的重要节点,通过网络衔接实现由"点"到"线"到"面"的作用发挥。离开运输网络便不能称其为枢纽。

(2)综合性。多式联运枢纽一定是多种运输方式集中布局的区域,由各类场站设施、集疏运通道、信息技术及装备、市场主体以及口岸等配套设施、相关产业等共同构成的一个特定的"生态圈",各类要素在其中相互影响、相互作用,形成内部循环。

(3)功能性。基于网络性和综合性,多式联运枢纽对货物高效组织、快速集散的作用才得以发挥,从而进一步实现在"点"上优化区域布局,在"线"上承载物流通道功能和要求,在"面"上强力辐射周边区域,有力支撑国家区域发展战略的实施,推动区域经济发展。

6.1.2 多式联运枢纽分类

多式联运枢纽一般围绕一种主导交通方式进行布局,根据主导交通运输方式不同,可以划分为铁路型、航空型和水路型三类。铁路型即以铁路货场、铁路集装箱中心站为依托,航空型以航空枢纽(航空货运枢纽)为依托,水路型以港口(沿海、内河)为依托,均由多个功能区组成,功能区间各自独立又相互衔接,共同构成多式联运枢纽。

多式联运枢纽根据布局形态的不同,可以分为集中式和组合式两类。集中式指主导运输方式作业场地与其他功能区毗邻、集中建设,换装距离短,物理衔接较为紧密;组合式指主导运输方式作业场地与其他功能区分开建设,通过通道衔接,实现业务协同。

6.1.3 多式联运枢纽影响因素解构

影响多式联运枢纽形成的因素可以分为以下三个方面:外部条件、内生动力以及政策环境。

(1)外部条件。

受经济发展阶段、产业空间布局的影响,我国货物运输的格局已经初步成形。同时,国家区域发展战略的实施、跨区域经济的深层次的合作,又为资源的重组和优化提出了新的要求,将激发新的运输市场需求,打破原有的运输格局,使得多式联运发展迎来新的机遇。与此同时,我国交通基础设施正进入连线成网的关键期,综合运输体系日趋完善,交通运输与现代物流融合发展日益紧密,现代物流业对交通运输在时效性、可控性等方面的高要求,将进一步促进各种运输方式的合理分工、运输资源高效配置和不同运输方式的有效衔接,使得各种运输方式由竞相发展向协同发展方向转变。信息化、标准化建设的日益完善,先进技术的逐步推广,也为多式联运发展提供了重要支撑。可以认为,加快多式联运枢纽建设的外部环境已经具备。

(2)内生动力。

首先,多式联运枢纽的形成是在一定市场需求规模的基础上。一般而言,市场需求来源于三个方面,一是生活需求,与城市实际消费人口数量、城市消费水平、区域经济活跃度、大型零售商和电商企业发展密切相关;二是生产需求,与制造物流需求(原材料供应、生产规模、生产物料投入)、流通加工需求以及工程建设密切相关;三是中转需求,与过境中转量和本区域集散量密切相关,其中,交通区位条件具有决定性的影响。市场需求规模与特点是枢纽形成的内在动力。

其次,多式联运枢纽形成要求各种运输方式发展比较成熟,运输市场机制相对完善,各运输方式并非孤立和封闭的,具备相互衔接、协同作业的基础和条件,有能力完成较大规模物资的高效中转换装,同时能够使得货物对运输方式的选择有较大空间,宜公则公、宜水则水,最大程度体现经济和社会效益,充分发挥多式联运的作用。

(3)政策环境。

多式联运枢纽所拥有的运输资源具有一定的稀缺性,同时,其提供的服务具有较强的公共性,在我国现有的经济体制之下,政府的宏观管理对枢纽形成具有较大的影响作用。一方面,需要中央政府部门发挥资源配置的职能,通过顶层设计,如制定规划、资金扶持等,引导运输资源优化配置,逐步形成全国范围内若干个大型的多式联运枢纽;另一方面,地方政府在土地、财税等方面的政策支持也是影响枢纽建成的重要因素。

6.2 多式联运枢纽发展现状

6.2.1 总体情况

本书研究团队成立了多式联运枢纽布局优化专题调研组,对93个多式联运枢纽项目进行调查研究,项目类型以具备多式联运功能的公路货运枢纽最多,铁路主导型其次,然后是水路主导型,航空主导型最少。在93个枢纽项目中,公路型34个,占比36.6%;铁路型32个,占比34.4%;水路型24个,占比25.8%;航空枢纽型3个,占比3.2%。

多式联运枢纽的集疏运方式仍以公路运输为主,其次为铁路运输,而水路运输份额较少,如图6-1所示。枢纽集运中,公路运输、铁路运输、水路运输占比分别为48.2%、33.1%、18.7%,疏运中公路、铁路、水运占比分别为57.9%、29.2%、12.9%。

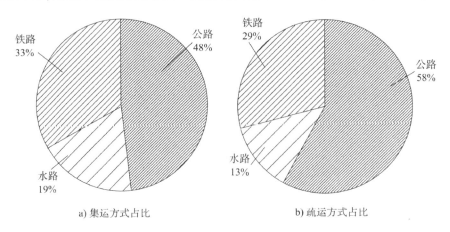

a) 集运方式占比　　　　b) 疏运方式占比

图6-1 多式联运枢纽的集疏运方式占比

多式联运枢纽的货类以大宗散货为主,占比53.1%,其次为集装箱,占比23.4%,接下来依次为件杂货,占比17.2%,其他占比6.3%,如图6-2所示。

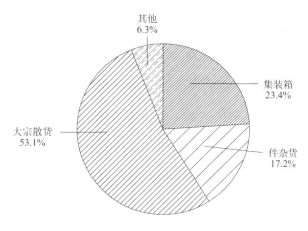

图6-2 多式联运枢纽的货类

另外,根据函调问卷统计,多式联运枢纽项目中拥有铁路专用线的项目有57个,占比61.3%,有口岸功能的项目43个,占比46.2%。

6.2.2 典型经验及做法

(1)高度重视枢纽节点的网络化布局,不断提升枢纽影响力和辐射力。

大型沿海港口、陆港等枢纽经营企业高度重视节点的网络化布局,以此来强化与其他运输方式的衔接,扩大枢纽影响力,提升枢纽地位和作用。主要采取的措施有:沿海港口企业布局和建设内陆无水港;港口企业以企业联盟形式强化与内支线喂给港的衔接合作;内陆无水港之间相互加强合作与对接等。

> **专栏1　枢纽网络化布局典型案例**
>
> 　　大连港:直接投资建设铁路枢纽场站4个,包括大连铁路集装箱中心站、沈阳内陆港、通辽内陆港、穆棱内陆港,通过设备投入及业务合作布点的区域性节点10余个,现已初步形成"4大中心、12个场站、31个站点"的内陆网络布局,覆盖东北地区50余个站点以及俄罗斯、蒙古国、中亚五国和欧洲国家,强化了多种运输方式间的有效衔接,为多式联运业务协同奠定了较好的基础。
>
> 　　连云港港:加强与中西部地区内陆无水港合作,强化对既有场站的跟踪考核和新建场站的市场论证,不断推进内陆场站建设,完成了霍尔果斯物流园区建设,加快启动郑州内陆无水港建设,逐步实现港口服务功能对中西部主要节点城市的覆盖,并延伸到中亚国家。

> 浙江省：强化浙北地区湖州、嘉兴、绍兴等内支线港与母港(宁波港等)的互动衔接，成立内支线港企业联盟，构建"海河陆"联运网络。
>
> 成都国际陆港：发挥在西南的物流枢纽作用，建立与省内遂宁、德阳、达州等地的物流园区、无水港的联动协作机制，建立成都国际陆港与二级陆港及其他地区主要物流园区的公铁联运快速通道，形成区域联动。

(2)强化不同主体间的作业衔接，共同搭建一体化服务平台。

多式联运枢纽是多种运输方式集中布局的区域，枢纽作用的发挥有赖于不同运输方式间的衔接程度，设施的衔接是一方面，更重要的是作业的衔接和协同。目前不同运输方式经营企业正通过签署合作协议、共建平台、集中办公等方式，强化多式联运不同环节间的业务融合，共同打造一体化服务平台。

> **专栏2 枢纽一体化服务平台典型案例**
>
> 青岛港：2014年12月，中铁联集、胶州市政府、济南铁路局、青岛港集团签署四方协议，建立联席会议机制，共同构建陆港联运平台，通过资源共享、互利互惠、优势互补，推进全面战略合作。青岛港派驻作业人员入驻中心站合署办公，货物进入中心站即视为抵达码头前沿，可一站式办理铁路运输、船舶配仓、货物集港、报关报检、码头、铁路结费等全部海铁联运业务，极大推动了多式联运发展。同时，中心站不断加强与各大船公司、大型物流公司合作，签订量价互保协议实现运输增量，积极承接国内、海外集装箱货物的"上陆下海"双向运输需求。
>
> 成都国际陆港：由成都陆港公司牵头建设具有报关、报检、签发提单等港口服务功能的多式联运内陆港，围绕"蓉欧"及"蓉欧+"班列开行，实现铁路班列订车与船运班轮订舱有效对接，实现成都本地报关退税，货主不需要到港口即可办完所有进出口货物手续。同时，在国际陆港运营平台下，由铁路作为牵头单位，组建公铁联盟、水铁联盟，政府给予专项政策支持，统一服务标准，规范竞争秩序，促进公、水、铁无缝衔接、合理分工，为客户搭建一站式通关、本地退税、价格更低、服务最优的便捷化、一体化港铁服务、公铁服务平台。

(3)优化多式联运枢纽内部布局，进一步提高作业效率。

多式联运枢纽一般是围绕一种主导交通方式，由多个功能区组成的物流集聚区，不同功能区根据作业流程及业务衔接紧密程度合理布局,并通过一定的设施(如专用道路、铁路专用线、传送带等)、设备进行有效衔接,提供综合性的物流服务。

> **专栏3 枢纽内部布局典型案例**
>
> 成都市:双流国际机场建设一条宽8m的下穿隧道,作为无缝连接空港快件中心与成都空港新货运站的专用通道,实现快件中心的货物可以一站抵达机场新货运站,通关时间缩短至最多10min;保税物流中心(B型)与国际快件中心紧邻布设,同区域内还布局了空运货物查验中心,实现了多个核心功能区的一体化布局和协同作业,使得成都航空枢纽的服务体系更加完备和具竞争力,加快形成以面向航空快件、高科技产品、特色农产品及维修航材等高时效性货品为特色的现代物流服务体系,为打造"全球贸易物流节点城市"提供有力支撑。成都国际铁路港在"两站两园区、三集聚区"的基础上,进一步优化空间布局,深化资源统筹,实现保税物流中心(B型)、卡口、中心站三位一体。成都国际集装箱物流园区与中心站和保税区实现无缝对接,这样的三方对接在全国尚属首创。

6.2.3 问题分析

(1)问卷问题总结。

根据全国函调问卷统计结果,枢纽站场经营企业反映比较集中的前五个问题分别是:资金不足、缺乏与其他信息平台对接、规划引导不足、配套设施未能及时跟上以及缺乏与其他运输方式衔接。这5个问题占比分别为53%、48%、42%、34%以及31%,如图6-3所示。

(2)主要问题分析。

目前,我国多式联运枢纽发展存在两方面的主要问题:一是缺乏国家宏观尺度下的功能统筹与优化布局,造成物流资源要素一定范围的配置不合理;二是推进多式联运枢纽系统化建设的力度不够,中央层面规划引导不足、地方层面政策配套没有跟上,枢纽建设"临而不接,集而不约"。

①一定区域范围内的资源配置问题。

随着市场竞争的加剧以及国家进一步加快对外开放,资源在更大范围和更深层次进行优化配置的需求日益凸显,跨国界、跨区域的物流协同发展需求更加突出,这必然要求各类物流发展要素能够适应网络化要求,实现协同发展。但是,目前物流市场中的各类要素资源,由于市场机制不成熟、政府越位或缺位,缺乏国家宏观尺度下的功能统筹与优化布局,配置并不合理:一方面,主要港口、枢纽机场、大型铁路货场等全国性、战略性物流资源未能得到充分利用,跨方式、跨部门、跨区域的物资流通不畅、效率不高,枢纽网络效应不能得以发挥;另一方面,某些资源的过度开发建设,如一定范围内港口的集中建设和功能重叠,围绕港口或大型铁路货场周边物流资源的无序开发和竞争,物流园区重复建设,线路资源的过度分散(如中欧、中亚班列的遍地开花)等,资源浪费严重。

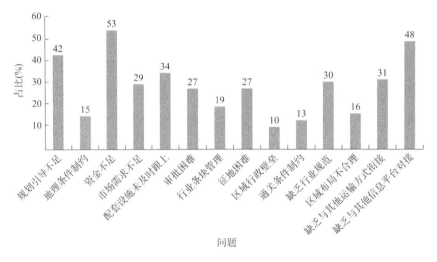

图 6-3　全国函调问卷问题统计

②多式联运枢纽"集"而不"约"的问题。

多式联运枢纽是一定多种运输方式集中布局的区域,由各类场站设施、集疏运通道、信息技术及装备、市场主体以及口岸等配套设施、相关产业等共同构成的一个特定的"生态圈",各类要素在其中相互影响、相互作用,形成内部循环。而目前多数的多式联运枢纽只是实现了要素的集中,由于缺乏统筹规划和系统建设,业务不能衔接、信息缺少共享、沟通和合作机制尚未建立,多式联运枢纽发展的生态圈还没有形成,集聚集约的效应不能发挥。其中,既有地方政府需要解决的问题,也有需要中央政府解决的跨区域、跨行业协调问题。

③内外部网络衔接问题。

我国大部分枢纽尚未真正形成对多式联运运力的整合,多种运输方式不能做到高效衔接,铁路运输和港口运输两种骨干运输方式缺乏统一规划和有效融合,公路运输也未能充分发挥其快速集散的作用,与铁路运输、港口运输、航空运输等运输方式进行无缝衔接。据了解,煤炭从煤矿至秦皇岛的运输过程中,汽运短驳的费用和铁路干线运输的费用比例达到了约2∶5,且货物在换装、倒装过程中还存在着时间不可控、等待时间长、货损货差大等问题。比如,唐山港作为北方重要的煤炭下水港,其曹妃甸港区煤码头二期工程因缺乏配套的铁路专用线,自2013年底竣工后基本处于闲置状态;天津作为北方主要港口城市,由于缺乏直通西部腹地的铁路通道,制约了天津对西部地区的服务和辐射能力等。

6.3 多式联运枢纽发展面临的形势与要求及发展趋势

6.3.1 面临的形势与要求

当前,国内外发展环境错综复杂,世界经济在深度调整中曲折复苏、增长乏力,国内经济又面临提质增效、转型升级的紧迫要求。对于交通运输行业来说,则处于重要的战略机遇期、转型升级期和发展变革期。新形势下,着力推进多式联运枢纽建设,加快发展多式联运具有重要的现实意义。

(1)适应经济新常态下运输需求分化的根本要求。

运输需求是经济发展的派生性需求,与经济发展特征密切相关。新常态下,我国经济发展速度、发展方式和发展动力将会呈现新的特征,运输需求也呈现出新变化、新特点。随着产业结构转型升级、产业布局优化调整,生产要素快速流动、消费结构加速升级,对货物运输的服务方式、服务效率、服务品质都提出了新的更高要求,小批量、多批次、个性化的运输需求不断增大。以快递为例,2021年我国快递量同比增长29.9%,这就要求创新服务供给模式,提升服务质量和水平,构建多层次多样化的运输服务系统,适应运输需求新变化。

(2)支撑跨区域合作和产业转移的客观要求。

改革开放以来,我国相继实施了东部沿海开放、西部大开发、振兴东北和中部崛起"四大板块"区域发展战略,近年来,中央又提出"一带一路"倡议、京津冀协同发展和长江经济带发展战略,均把推动区域协调发展作为主要任务。目前,我国东部沿海地区土地、能源、劳动力等要素成本不断提高,转型升级发展要求日益迫切,向生产成本较低的中西部地区梯度转移明显,中西部地区经济增长迅速,2023年重庆、四川、贵州等西部省份和湖北、山西、江西等中部省份GDP增速均位于全国前列。区域协同发展和产业梯度转移,将逐步改变我国运输需求格局和空间分布,2022年,我国货物运输平均运距达到450km,是"六五"初期的2.1倍,"十五"初期的1.3倍,并呈高位稳定态势,这就要求加强多式联运枢纽建设,加快形成层次清晰、功能完善、布局合理、规模科学的综合交通网络布局,充分发挥各种运输方式的比较优势和组合效率,优化运输组织模式,支撑资源要素在广大空间和范围内经济、高效、有序流动。

(3)实施"走出去"融入全球贸易的现实要求。

十九届五中全会强调指出,"坚持实施更大范围、更宽领域、更深层次对外开放,依托我国大市场优势,促进国际合作,实现互利共赢",这是实现"十四五"规划目标和2035年远景目标的内在要求,也是构建国内国际双循环相互促进的新发展格局的重要举措。构建高水平开放型经济新体制,进一步推动中国深度融入世界经济,形成全方位开放新格局是新时期我国对内对外开放的重大战略。当前国际国内形势复杂严峻,既需要扩大开放引进先进要素,提升产业核心竞争力,支撑经济发展转型;又需要"走出去",加强国际产能合作,全方位参与全球价值链,提高我国产业在全球价值链中的地位。经济全球化需要标准化的运输工具、国际化的运输规则、一体化的运输市场作支撑,标准化是欧美主要发达国家货物运输主要特征,这就需要大力发展集装箱多式联运,积极融入国际供应链,对于加快形成统一开放的市场体系,进一步提高我国对外开放水平,推动中国企业"走出去",提高我国的国际竞争力等具有重要意义。

(4)转变综合交通运输发展方式的必然要求。

由单一运输方式独立发展向综合运输发展是现代交通运输发展的普遍规律。综合运输核心是发挥各种运输方式的比较优势和组合效率,随着交通运输发展阶段不断升级,多式联运作为综合运输一种重要表现形式,逐步成为发展重点。改革开放以来,我国各种运输方式基础设施建设取得了巨大成就,截至2023年底,我国高速公路里程和高速铁路营业里程位居世界第一,内河等级航道通航里程、港口码头吞吐能力位列世界首位,民用航空机场259个,基本适应经济社会发展。当前我国交通运输已步入转型升级、提质增效的发展阶段,迫切需要统筹通道与枢纽、建设与服务、行业与综合之间的关系,建设符合多式联运运行要求的综合货运枢纽,并以枢纽为重要抓手,推进各种运输方式相互融合和有效衔接,全面提升交通运输发展质量和水平。

(5)推动物流业转型发展的迫切要求。

物流业是现代服务业的重要组成部分,是支撑国民经济发展的基础性、战略性产业。近年来,国务院、相关部委先后出台了一系列促进物流业发展的政策措施,如《物流业发展中长期规划(2014—2020年)》《"十四五"现代物流业发展规划》等,有力推动了物流业的发展。但总体而言,我国物流业整体发展水平偏低,运行效率有待提高,以枢纽为重点的换装效率和"最后一公里"运输的瓶颈仍十分普遍;物流成本仍然偏高,虽然2023年全社会物流总费用与GDP比例已下降到14.4%,但与发达国家相比,仍处于高位,下降空间较大。以降本增效为重点,加快现代物流的发展,全面提升物流业发展水平,已成为物流业面对新形势的迫切需要,也是物流业发展阶段的内在要求。

6.3.2 发展趋势

多式联运枢纽是综合交通运输体系的重要组成部分,是综合交通网高效运转的关键环节,现阶段已经不限于基础的换装功能,是网络设施与一体化服务有机衔接的纽带、资源要素高效流转的载体、交通运输与产业融合发展的平台,大型化、综合化、网络化、智能化成为发展重要方向。

(1)注重功能完善。

长期以来,我国货运枢纽规划、建设分散在各个行业部门,港口、机场、铁路货站和公路场站分散布局、独立运营,在当期历史条件下,对保障物资流通发挥着重要作用。但随着我国经济社会发展,对货运枢纽的高效性、可控性、低成本要求日益突出,传统运输中转型的枢纽难以适应发展需求。一方面,结合综合交通网优化完善,以整合资源、提升效率为重点,以主要港口、铁路枢纽和重点机场为重点,将加快推进具有多式联运功能的综合货运枢纽建设。另一方面,充分发挥枢纽集聚优势,在优化中转换装核心业务同时,不断拓展仓储、运输、服务、贸易、金融等多元功能,提升枢纽对产业链条的组织能力。

(2)注重效率提升。

提升效率是建设综合交通运输体系的重要目标之一。近年来,随着综合运输网络不断完善,干线运输能力得到极大提高,枢纽的瓶颈制约影响日益凸显,虽然我国在海铁联运、甩挂运输等联运组织方式开展了试点示范,也取得了一定成绩,但多次倒装、换装不便、换装效率低下等问题仍比较普遍,甚至会造成运输结构失衡等深层次问题,比如在一些中长距离运输上,考虑"门到门"全运输链条,公路运输比铁路运输更具有优势,主要制约在铁路枢纽换装环节。因此,提升效率仍是未来枢纽发展的重点任务,坚持突出重点、补足短板,针对场站衔接不畅、标准不匹配、信息不互通、体制机制不顺畅等问题,着力推进设施无缝化、设备标准化、服务一体化、管理智能化,以枢纽为抓手,带动综合交通运输体系的整体效率提升。

(3)注重平台打造。

适应多样化、专业化运输需求和快速转运发展要求,打造集约化、网络化的货运枢纽平台成为发展重要趋势之一。一方面是"横向联合",更加注重在区域或城市范围内,不同运输方式为主的货运枢纽场站之间整合、联动发展,更好发挥不同运输方式的比较优势和组合效率;另一方面是"纵向拓展",在全国或更大范围内布局货运枢纽网点,比如大型公路物流园区、铁路集装箱中心站、以港口为中心内陆港等建设步伐加快,网络规模效应不断显现。

同时,借助"互联网+"等手段,以线下货运平台为基础,打造线上信息平台,推进线上线下协同发展成为发展趋势,不仅为解决供需双方信息不匹配、提高在货运市场上的竞争力提供有效途径,更重要的是通过信息化手段提升货运枢纽的服务水平和整体竞争力。

(4)注重服务创新。

随着现代物流不断发展,物流服务需求不断细化、分化,根据不同物流需求特点,货运枢纽(物流园区)加强了对物流、信息流、资金流、商流的全面整合,不断创新商业模式和服务流程,在完善仓储、运输、配送等传统业务功能的同时,加大流通加工、金融物流、商务等服务创新,根据《第六次全国物流园区(基地)调查报告》(2022年)统计,能够提供金融物流服务功能的物流园区占比达到30%。专业化服务能力、标准化服务能力、信息化服务能力、多元化服务能力将成为未来发展的重点。

(5)注重产业集聚。

从枢纽与产业发展相互关系来看,我国货运枢纽发展阶段可以分为独立发展、相互促进和融合发展三个阶段。以往经验表明,依托枢纽资源集聚、交通区位等优势,推进枢纽与产业融合发展,是促进区域、产业发展的重要途径,比如航空城、港口城市等发展形态。以往,我国枢纽规划布局与区域、产业缺乏有机衔接,枢纽与产业联动发展能力不足。近年来,枢纽与区域、产业融合发展理念不断受到重视,依托交通枢纽布局的产业园区、物流园区不断涌现,如上海自贸区、成都国际陆港等,发展潜力巨大。依托枢纽平台,打造产业集聚区、带动形成区域发展增长极(点)是未来发展的必然趋势。

6.4 多式联运枢纽建设国外经验借鉴

本节分别从宏观、微观两个层面总结梳理国外典型国家和地区在多式联运枢纽布局建设领域的经验做法。宏观层面主要指政府部门在统筹布局、规划引导、政策支持等方面的主要做法;微观层面主要以典型案例阐述国外不同类型多式联运枢纽建设经验、主要做法等。

6.4.1 政府优化多式联运枢纽布局的典型做法

在多式联运枢纽的布局建设中,许多国家的政府在其中发挥了巨大的作用,极大地促进了国家或地区内部形成布局合理的多式联运枢纽体系。下面以德国为例,结合德国的典型做法与经验,分析提出在多式联运枢纽布局优化过程中政府所发挥的作用。

(1)政府统筹规划多式联运枢纽布局。

在德国,政府在全德范围统筹规划多式联运枢纽,负责制定多式联运枢纽的总体规划,以产业发展的战略高度对其进行系统的规划,并在统筹交通枢纽的前提下,以实际的物流总需求和特点为导向,对多式联运枢纽进行科学的选址、布局等,形成覆盖全国的网络,从宏观上引导多式联运枢纽的发展,并将多式联运枢纽的发展纳入德国经济发展的总体战略目标之中。

德国多式联运枢纽布局的系统性和科学性特征明显,成效显著,产生了巨大的经济效益和社会效益。具体操作是:一般在政府层面成立一个管理委员会(也叫咨询委员会或计划委员会,由政府代表、专家组成),负责征地、规划等行政层面的工作以及项目的监督实施,同时成立一个政府控股或参股的发展公司(参股方有物流公司或物流基础设施投资商),负责项目的具体实施、招商和运营管理。两个组织相对独立,各有分工、并行运作,以保障项目的可控进行。

政府统筹规划多式联运枢纽,有利于更好地发挥多式联运枢纽的作用,充分发挥现有资源的效用最大化,避免重复性的建设,为物流业发展营造更加高效、有序的环境,从而在产业和经济的发展中发挥重要的支撑作用。我国可以借鉴德国发展多式联运枢纽的这一经验来发挥政府在多式联运枢纽布局中统筹规划的作用,从总体上在一定区域范围内对多式联运枢纽进行统一规划。

(2)政府提供配套设施的资金支持。

多式联运枢纽具有投资大、回收期长,社会效益明显的特点。为充分发挥多式联运枢纽的公共服务功能,需要政府加大对多式联运枢纽基础设施建设的资金投入力度,而不仅是单靠市场机制或企业的力量来推动。

德国政府对多式联运枢纽基础设施的投入较大,多式联运枢纽基础设施的建设资金主要是来源于各级政府的直接出资,信用贷款、企业投资等都是补充的资金。德国多式联运枢纽投资建设的典型模式是PPP,即公共私营合作模式,政府提供多式联运枢纽基础设施建设的投资,私人对需要的物流设施设备进行投资。在德国成立的众多多式联运枢纽中,至今还没有一个不是由德国政府给予投资来兴建的。在德国政府的倡导和大力扶持下,德国多式联运枢纽拥有完善的基础设施,平均发展规模在140万 m^2。在政府投资方面,德国不来梅州政府通过采取直接投资及土地置换的方式对不来梅物流园区进行投资,是一种值得借鉴的投资模式。

在我国多式联运枢纽布局建设中,各级政府也可借鉴德国政府这种高效的投资做法,对我国多式联运枢纽的发展给予必要的资金支持,积极出面并推动多式联运枢纽建设的实施。

(3)政府制定实施优惠保障政策。

为了充分发挥多式联运枢纽的功能,扶持多式联运枢纽的发展,不同的国家都在多式联运枢纽发展方面给予不同的优惠政策和保障政策,如土地、税收、产业等方面的政策。德国在建设多式联运枢纽过程中主要提供以下优惠政策。

①在用地政策上,多式联运枢纽征地工作是由德国的州、市政府负责的,政府负责解决枢纽建设需要的用地;多式联运枢纽所需的土地基本上由德国的州政府给予无偿地提供,并不存在政府从中牟利的现象。

②在交通政策上,德国有"组合运输试点示范计划"(Pilot Actions in Combined Transport,PACT),以便对联运方面新的运输项目给予一定的推动资助。

③在入驻企业政策支持方面,德国政府对入驻到多式联运枢纽的企业给予资金、税收、产业等方面优惠政策的支持,例如入驻企业可以得到政府一定的资助金额用于水、电等方面的建设工程,同时,在枢纽的公铁联运中转站的建设上,政府也给予投资支持,政府的资助额度高达80%。

对此,德国政府对多式联运枢纽的做法值得我国借鉴。我国也应对多式联运枢纽及其入驻企业给予不同程度的优惠扶持政策,如土地支持、税收、信贷政策等,并积极开展与多式联运枢纽的相关的开发活动,以支持多式联运枢纽的建设,保障其有效运营。

(4)推进物流标准化建设。

德国政府为保证物流活动的顺利进行,对物流行业协会工作给予大力帮助与支持,支持物流行业协会制定各种物流作业、服务的行业标准和物流基础设施装备的通用标准,如统一物流专业术语的标准、统一托盘的标准、物流条形码的标准等。

标准化建设的推进对我国发展多式联运同样具有重要意义。因此,需要出台政策鼓励相关协会发展,加速标准化体系建设的推进,从而提高基础设施衔接水平、降低多式联运成本、提高多式联运效益。

结合国外的典型经验分析,首先,我国政府可以在国家或区域范围内统一布局优化多式联运枢纽,对多式联运枢纽用地的出让价格及相关的设施等方面给予一定的折让,降低物流企业的土地费用支出。其次,出台物流企业纳税的规范文件,避免物流企业充分纳税,进而减轻物流企业的税务负担。

6.4.2 不同类型多式联运枢纽建设经验借鉴

(1) 以内河港口为主导的多式联运枢纽——不来梅物流园区。

不来梅物流园区是德国第一个真正意义上的多式联运枢纽,自1985年建成到现在,取得了一定的社会效益和经济效益,成为德国多式联运枢纽发展的典范。不来梅物流园区位于距不来梅内港、内河港口20km处,同时临近不来梅的铁路编组站,并与公铁路相连。不来梅物流园区对我国内河型多式联运枢纽建设提供的经验借鉴如下。

① 拥有完备的多式联运基础设施。

不来梅物流园区拥有完备的基础设施,公路、铁路、水路等设施建设齐全,运转方便,多式联运方式被普遍运用,具备230000单位的多式联运装载容量,是欧洲重要的集物流、转运及仓储于一体的多式联运中转基地之一。不来梅港70%的货物要通过不来梅物流园区集散。

高密度、专业化的、完备的基础设施建设为枢纽内高效率的物流作业提供了可能。因此,在多式联运枢纽建设过程中要适度加大对专业化、大型化、自动化的多式联运枢纽基础设施的投资建设力度,完善基础设施优化配置,引导运输方式有机衔接,从而提升枢纽的运输组织效率,提升运营管理水平。

② 积极引进和培育第三方物流企业。

第三方物流企业已发展成为多式联运枢纽建设发展的主力军。不来梅物流园区内大多数企业已由传统的提供仓储、运输、搬卸等简单服务转型为拥有自己核心业务的第三方物流企业,以专业化运作的方式为物流的需求者提供高效、高层次、专业化、多样化物流服务,如不来梅物流集团公司(BLG)就是一个集运输、仓储、装卸、代理、配送等于一体的典型的第三方物流企业,专注于德国的物流业,并以其核心的领域——汽车、合约和集装箱物流成为德国物流界的佼佼者,可以为物流需求者提供多样化的专业物流服务,物流市场影响力大,辐射范围广,对扩大不来梅园区的服务网络有明显的促进作用。

在多式联运枢纽建设经营中,也要加强与专业化的第三方物流公司或全货运公司合作,吸引其入驻,以便在扩大枢纽的运力和运量的同时保障货源的供应。

③拥有完善的配套服务。

不来梅物流园区具有多种服务功能,主要有水路运输、铁路运输、公路运输、航空运输和管道运输多种运输方式的联运转运功能,直接换装(越库作业)功能,城市消费品仓储配送功能,拣选、分拨和加工功能,出口贸易功能,还有卡车加油、清洗、维修,集装箱维修,饭店、旅馆等综合服务功能,基础研究和业务培训功能等。齐备的辅助服务功能,吸引了越来越多的物流企业、贸易企业、制造企业和其他相关服务企业进驻物流园区。我国多式联运枢纽也应在准确定位的前提下,根据自身发展定位和发展方向拓展服务范围,提高专业化、精细化、一体化服务的能力。

④采取股份制形式经营管理。

不来梅物流园区的经营管理采取股份制形式,其中州政府出资占1/4,入驻企业出资占3/4,并有高效的组织管理机构——股东大会,其下设物流中心发展公司为进驻企业组织公共服务。该公司的任务主要是负责园区的对外联系与对外招商、场地出租、多式联运和转运节点、物流基础设施使用,以及解决水电、食堂、车辆加油、维修等配套服务。不来梅州政府并不干涉物流园区的经营,物流园区的发展公司也不干涉物流园区企业自身的经营活动,但会从充分利用资源、节约能源的角度出发对园区内的企业进行相应的沟通和协调。股份制形式有效地增加企业管理的灵活性,更有利于根据市场发展情况和园区企业实际需求进行决策。我国在经营管理多式联运枢纽的过程中,也要考虑创新枢纽经营管理模式,提高管理的灵活性和自主性,从而更好地推进多式联运枢纽的建设发展。

(2)以海港为主导的多式联运枢纽——汉堡港。

作为欧洲第二大集装箱港口,同时是世界上最大的自由港的汉堡港,也是德国北部最重要的铁路枢纽之一。作为传统的铁路港口,汉堡港基本依靠铁路进行货物长距离运输,是欧洲最大的铁路集装箱转运中心。汉堡港对我国海港型多式联运枢纽建设提供的经验借鉴如下。

①依托铁路建立完善的多式联运基础设施。

铁路在汉堡港多式联运枢纽建设中发挥着重要的集疏港作用。目前,汉堡港港口内建设有4个铁路场站,铁道线直接延伸至码头后方堆场,最长装卸线长700m,并拥有全世界最先进的全自动控制装卸系统。港口所有码头都建有铁路专用线,主要承接腹地长距离运输,铁路运输占港口全部吞吐量超过80%份额,每日进出港口的集装箱班列约200次,目前已经发展成为欧洲地区规模最大的集装箱铁路运转港口。健全完善的多式联运基础设施,有利于提高多式联运枢纽的处理效率、通过能力和生产效益。因此,在多式联运枢纽的开发建设要遵循总体规划的前提下,加大基础设施的投入力度,提升和完善基础设施建设水平。

②依托内河和铁路建立完善的集疏运体系。

港口枢纽的生存能力取决于港口与腹地间高效的内河、公路及铁路等货物集疏运网络连接,通过完善集疏运体系,提高运输组织效率,确保各种运输方式之间分工合理、衔接有效,进一步发挥港口在综合交通中的作用,构建可靠、高效的运输系统。《汉堡港发展规划》提出,"改造易北河河口航道""扩大港口铁路的辐射范围""持续更新港口相关的道路设施""大力发展内河集疏运体系"。同时,汉堡港设有专门负责铁路运输线路协调的部门,从而极大地强化了相关基础设施建设的配套程度,比如在马申地区设立的编组站点,日编组能力超过了一万个车厢,可以给汉堡港集装箱海铁联运提供专业化的编组服务。

完善、便利的集疏运体系是多式联运枢纽建设的基本条件,因此,在建设枢纽时,要对其集疏运体系进行科学、系统的布局规划,加强确保与外部交通网络形成有效衔接。

③注重港口与腹地产业融合发展。

一方面,港口物流为腹地工业提供专业、高效的物流服务,提高腹地工业发展水平,进而带动整个区域经济的发展,实现港城共荣;另一方面,腹地工业和城市的繁荣又会进一步促进港口的发展和效益的提高。汉堡港是欧洲承接亚洲贸易的中心,是物流业和港口相关产业理想的发展地区,2007年版的《汉堡港发展规划》提出要"强化城市及城市地区的经济产业结构,保障依托海港的港口产业的发展机遇"。对此,多式联运枢纽的建设发展同样要注重枢纽与腹地产业融合发展,强化枢纽与产业的联动效应。

④便利的电子数据交换中心。

汉堡港的电子数据交换中心连接码头、货代、港口、铁路、海关等多家用户,能够有效处理各种电子单证,而且还可以给多种运输方式协作实施创造有利条件。为多式联运枢纽运用该系统,将提高多种运输方式之间的协作性,减少货主与承运人之间的信息壁垒,从而促进多式联运枢纽竞争力的提升。

(3)以航空为主的多式联运枢纽——孟菲斯空港枢纽。

孟菲斯空港都市区依托孟菲斯国际机场而建,位于北美中部地带的孟菲斯市。孟菲斯国际机场在孟菲斯市中心东南面12km,在飞行时间3.5h内能到达北美洲南部的大部分城市。孟菲斯空港枢纽对我国空港型多式联运枢纽建设提供的经验借鉴如下。

①具有完善的综合交通运输体系。

孟菲斯市具有良好的综合交通运输体系,在公路方面,共有7条联邦高速公路及1条东西走向的州际公路及2条南北走向的州际公路穿越其中,南北走向的公路连接了美国北面的加拿大及南面的墨西哥;在铁路方面,孟菲斯市亦是轨道运输的枢纽地带,从孟菲斯市可利用铁路直接到达美国48个州、加拿大及墨西哥;此外,孟菲斯市位于密西西比河流域,是全美第四大内陆河流港口。优越的地理位置加上完善的物流网络及配套,促使孟菲斯国际机场连续15年成为全球货运量最高的机场。

②具有良好的区位优势和丰富的航空货运需求。

自1993年起至今,孟菲斯国际机场一直都是全球货物吞吐量最高的机场之一,是美国西北航空的第三大转运中心。联邦快递的全球物流中心"SuperHub"的总基地设在孟菲斯机场,且UPS、DHL、KLM等世界知名物流企业也都在此设立了办公机构。该机场位于北美贸易联盟的产业轴线上,成为北美洲与世界连通的重要节点。在发展航空物流的基础上,孟菲斯机场利用其便捷的航空网络,积极开拓其他临空产业,集聚了科研、加工制造、生物制药、商业商务、总部经济等产业,综合发展的同时也巩固了自身世界级航空物流枢纽的地位。

③具有良好的产业发展空间布局。

孟菲斯国际机场由孟菲斯-谢尔比县机场委员会经营。孟菲斯市一直被称为北美洲的物流基地。随着机场物流配套系统的完善以及机场周边地区的发展成熟,孟菲斯-谢尔比县机场委员会也对孟菲斯国际机场未来发展提出更高的要求。2007年的机场年度报告中提出依托孟菲斯国际机场以三层发展模式打造孟菲斯市由单纯的物流枢纽转变成空港城。联邦快递全球物流中心是孟菲斯空港经济发展的核心,整个城市的经济亦以机场及物流业为重心。同时,孟菲斯也在谋求多元化的长远发展,规划按照圈层模式打造功能更加综合的空港城,并引领形成空港都市区。

6.5 多式联运枢纽建设的总体思路

6.5.1 指导思想

以完善多式联运枢纽布局、提高一体化运输服务能力和衔接效率为主线,创新合作模式和管理方式,着力强化多式联运枢纽规划建设和运营管理的整体性、系统性,着力强化不同运输方式枢纽站场设施的物理衔接性、标准统一性、功能匹配性和业务协同性,多措并举,软硬兼顾,政企合力,协同推进多式联运枢纽规划建设和创新发展,为完善综合运输服务体系,促进物流业降本增效,加快交通运输转型升级提供坚实的基础设施保障。

6.5.2　基本原则

(1) 市场主导、政府引导。

强化市场在多式联运枢纽建设运营中的主导地位,同时,积极发挥政府在规划、政策、标准等方面的引导作用。

(2) 问题导向、重点突破。

从适应多式联运发展和现代物流管理要求出发,重点解决多式联运枢纽规划建设和运营发展中存在的突出问题,进一步聚焦短板,提高工作措施的针对性和有效性。

(3) 统筹协调、多方联动。

注重发挥各部门、各主体在推进多式联运枢纽规划建设和运营管理中的积极性、主动性,加强联动协作,形成发展合力。

(4) 创新引领、规范发展。

充分利用现代信息技术改造提升多式联运枢纽信息化和智能化水平,创新服务产品和管理模式;加强项目全过程和动态管理,完善规范标准,引导多式联运枢纽规范化、有序化发展。

6.5.3　总体目标

到2025年,通过加快推进依托物流大通道的全国骨干联运枢纽城市建设,进一步优化多式联运枢纽布局,推动建成一批有力支撑国家重大战略实施和产业转型发展的多式联运枢纽项目,基础设施保障能力显著提升,集散分拨、快速转换、信息服务、资源整合功能明显增强,多式联运骨干物流网络初步形成。

6.5.4　主要任务

(1) 明确全国骨干多式联运枢纽节点城市。

在综合考虑物流大通道上节点城市的交通区位条件、经济发展水平、人口规模、特定货类分布以及国家重大发展战略和规划等因素的基础上,进行多式联运枢纽节点的全国性布局,明确骨干多式联运枢纽节点城市,引导资源的集聚集约和优化配置,加速国家多式联运骨干网络形成。在此基础上,针对国家发展战略和相关规划,进一步确定多式联运枢纽节点宏观尺度的功能定位,包括项目重点类型、主体服务的货类等,积极引导涉及煤炭、粮食、矿石、国际货物、集装箱、快消品、快递等货类物流项目的发展。

(2)加快推进骨干多式联运枢纽节点城市建设。

充分发挥中央政府跨区域、跨方式的协调作用及中央财政资金的引导作用,充分调动地方政府在区域物流发展中的指导和监督作用,强化多式联运枢纽内不同运输方式的设施衔接和作业协同,重点解决枢纽用地等问题。重点建设全国性布局、具备多式联运功能的货运枢纽(物流园区)项目,规范多式联运枢纽站场功能设置、建设要求和运营服务;支持地方政府和铁路部门围绕重要铁路货运枢纽,统筹规划具有多式联运功能的综合交通枢纽和物流集聚区;引导铁路港前站与港口货运枢纽设施的统筹布局和一体化建设,鼓励"前港后园"式物流园区发展;鼓励围绕航空产业区、电商产业园规划建设陆空转运设施,加强与机场核心区专用通道建设;推动邮政快递分拨中心与铁路、公路、航空货运枢纽站场同步建设,推进各类物流基地的邮政快递功能区建设;鼓励沿海港口和沿边口岸积极发展内陆无水港,建立沿海沿边与内陆地区的协同联动。

(3)完善多式联运枢纽集疏运体系。

促进各种运输方式之间、干支之间的高效转换,提高枢纽节点与通道内交通线路的连通效率和衔接水平。着力加强主要港口(包括内陆港)疏港铁路、疏港公路、铁路枢纽站场外联高等级公路、综合物流园区铁路专用线等重点项目建设,重点解决沿海和内河主要港口疏港铁路建设滞后等突出问题,强化环渤海、山东沿海、宁波以及华南、北部湾港口群等铁路进港"最后一公里"建设。加快推进高等级公路与港口、机场、大型物流园区的衔接,加强铁路、航空货运枢纽的公路集运和分拨站点配套建设,优化最先和最后一公里配送网络。推进完善与长江、珠江等水运大通道有机衔接的支线航运网络,畅通水水中转通道。

6.6 多式联运枢纽布局优化的措施及建议

(1)开展多式联运枢纽城市创建工作。

结合物流大通道,在区域发展中具有战略地位、在综合交通体系中具有枢纽作用的中心城市开展多式联运枢纽(城市)创建工作,将枢纽(城市)按照辐射范围划分层级,形成系统性、多层级的枢纽(城市)布局体系,引导和推进城市内部优化完善基础设施布局和有效衔接,实现基础设施网络化、运输服务一体化、综合管理协同化。

(2)加大政策支持力度和精准性。

重点支持具有公共服务属性、具有一定辐射和带动能力的多式联运型物流园区建设,支持联通枢纽的集疏运体系建设,鼓励先进装备技术的应用,同时对符合支持方向、条件成熟的项目给予资金、用地、税费和市政配套等方面的政策支持。

(3)建立多式联运枢纽考评机制。

开展多式联运枢纽动态监测和绩效考评方法的研究,探索建立多式联运枢纽动态监测机制、考核评价机制及跟踪管理制度,能够较为准确地评价多式联运枢纽建设对于提升货运组织效率的贡献,并能够为相关部门及时跟踪多式联运枢纽建设和运作情况提供依据。

第 7 章
多式联运技术与装备创新应用

7.1 多式联运装备概述

7.1.1 多式联运装备概念及类别

广义的多式联运装备指"从接受委托至到达交付,组织两程或使用两种以上的运输方式完成的货物运输中所涉及的所有装备"。狭义的多式联运装备主要指"不同运输方式间实现无缝衔接、便捷换装、快速转运的技术装备"。本书主要针对狭义的多式联运装备,包括标准运载单元、快速转运设备、专用载运机具。

7.1.1.1 标准运载单元

标准运载单元指可以在不同运输方式之间实现快速装卸和转换的标准化储运容器,包括集装箱(ISO 国际标准集装箱、内贸集装箱)、半挂车(与集装箱标准相适应的公路半挂车、公铁两用挂车等)、可拆卸箱体(swap-body)等。

(1)集装箱。

①ISO 国际标准集装箱。

ISO 国际标准集装箱指具有足够的强度和刚度,可长期反复使用,适于一种或者多种运输方式载运,在途中转运时,箱内货物不需要换装,其尺寸、结构和强度符合《系列 1 集装箱—分类、尺寸和额定质量》(ISO 668)和《系列 1 集装箱—技术要求和试验方法 第 1 部分:通用货物集装箱》(ISO 1496-1)的封闭型箱体,主要分为干式集装箱、冷藏集装箱、罐式集装箱、框架式集装箱和其他特种集装箱等。干式集装箱也称通用集装箱,指适用于装载多种干杂货物的集装箱。冷藏集装箱指具有一定隔热性能,并能保持一定低温,适用于各类食品等冷藏储运输而进行特殊设计的集装箱。罐式集装箱指一般由液罐和框架两部分构件组成,框架具有高强度,与一般集装箱尺寸外形一致,专门用于装运各种液体货物,如液体化学药品、液体食品、各种石油制品及酒类货物等的集装箱。框架式集装箱指没有箱顶和侧壁,箱端壁也可卸掉,靠箱底和四角柱来承受载荷,用于装载不适于用干货集装箱或需开顶集装箱的长大件、超重件和轻泡货物的集装箱。其他特种集装箱指为适应特种货物运输的需要,而在集装箱的结构和设备方面进行了特殊设计和装备的集装箱。

②内贸集装箱。

内贸集装箱指在 ISO 标准集装箱基础上,各国单独制定的用于国内贸易运输的标准化集装箱。内贸集装箱的尺寸和质量与一般半挂车相适应和匹配,可以分为干式集装箱、冷藏集装箱、罐式集装箱等几类,具体定义与上述 ISO 国际标准集装箱类似,但尺寸等存在差异。

(2)(联运)半挂车。

(联运)半挂车指车轴置于车辆重心(当车辆均匀受载时)后面,并且装有可将水平或垂直力传递到牵引车的联结装置的挂车,本书中特指厢式半挂车。美国和欧洲多式联运中均有使用这类半挂车作为标准化的运载单元,美国的厢式半挂车以 28ft、53ft 等为主,欧洲的厢式半挂车则以 45ft 为主。另外,欧美还出现了一些特殊形式的半挂车,如公铁两用挂车和侧帘厢式半挂车等。

①公铁两用挂车。

公铁两用挂车指一种可放置于铁路转向架上的公路挂车。公铁两用挂车主要应用于美国,自 1955 年开始使用,为 29ft 单轴厢式挂车。通过节省铁路平车的车体,把两用挂车直接放置到特制的转向架上,从而组成一列可以通过火车牵引、铁路运输的列车。

②侧帘厢式半挂车。

侧帘厢式半挂车指一种两侧和后门均可打开的厢式半挂车。在欧洲多式联运厢式半挂车中,以 13716mm(45ft)长的侧帘厢式半挂车的运用为主。

(3)可拆卸箱体。

可拆卸箱体指一种配备了可折叠支腿的标准化货箱,可实现与卡车脱离并以支腿为支撑独立放置于地面,用于公铁联运时支腿可收起。可拆卸箱体可以分为干式可拆卸箱体、冷藏可拆卸箱体和罐式可拆卸箱体等几类。干式可拆卸箱体为用于装载干杂散货而设计的可拆卸箱体。冷藏可拆卸箱体指具有一定隔热性能,并能保持一定低温,适用于各类食品等冷藏储运输而进行特殊设计的可拆卸箱体。罐式可拆卸箱体一般由液罐和框架两部分构件组成,框架具有高强度,与一般可拆卸箱体尺寸外形一致,专门用于装运各种液体货物,如液体化学药品、液体食品、各种石油制品及酒类货物等。

7.1.1.2 快速转运设备

快速转运设备指多式联运过程中标准化运载单元在不同运输方式间便捷换装的专用设备,包括吊装类设备(顶吊、底吊)、滚装类设备(公铁、公水、铁水滚装)、平移类设备三类。

(1)吊装类设备。

吊装类设备指用于集装箱、厢式半挂车或可拆卸箱体吊装的专用设备,通过吊具上的转锁对准集装箱顶部吊运集装箱,或通过两对吊具的环抱抓手卡住半挂车或可拆卸箱体的特定位置进行吊装。典型吊装类设备为岸边集装箱起重机。

岸边集装箱起重机简称岸桥或桥吊,指安装在港口码头岸边,由小车行走机构、起升机构、大车行走机构和俯仰机构组成。岸边集装箱起重机是船与岸之间装卸集装箱的专用设备,可以用于装船作业,适用于吞吐量较大的集装箱码头。岸边集装箱起重机可以分为轮胎式集装箱龙门起重机、轨道式集装箱龙门起重机、集装箱正面吊运机等。

(2)滚装类设备。

滚装类设备指用于集装箱、厢式半挂车或可拆卸箱体等标准运载单元滚装至专用载运机具的专用设备。

①轮式托盘。

在货物滚装上船的过程中,有一种可承载货物的带轮子的托盘,为方便货物上下船舶而设计,规格多样,是典型的滚装类设备。

②滚装船跳板。

滚装船跳板是安装在滚装船上能调整坡度的船、岸连接通道设备,是连接船舶与码头之间的桥梁。根据跳板在船上布置的位置不同,有艏跳板、艉跳板、舷侧跳板3种。

(3)平移类设备。

平移类设备是用于集装箱、厢式半挂车或可拆卸箱体在不同运输方式间装卸、转移并具备较大的位移能力的专用设备。

①集装箱跨运车。

集装箱跨运车是用于码头前沿和堆码集装箱的专用机械,由门形跨架、起升机构、运行机构、动力设备及其他辅助设备组成,采用机械或液力传动。

②集装箱叉车。

集装箱叉车是用于集装箱堆场、装卸、堆码的重型叉式装卸车,它可以采用货叉插入集装箱底部插槽内举升搬运集装箱,也可在门架上装设一个顶吊架,借助旋锁件与集装箱连接,从顶部起吊。集装箱叉车分为集装箱正面叉车和集装箱侧面叉车两种。

③集装箱牵引车。

集装箱牵引车俗称拖车,指具有牵引力、用于拖带集装箱挂车或半挂车组成车组、长距离运输集装箱的专用机械。集装箱牵引车具有牵引装置、行驶装置,但自身不能载运货物,其内燃机和底盘的布置与普通牵引车大体相同,只是集装箱牵引车前后车轮均装有行走制动器,车架后部装有连接挂车的牵引鞍座。它主要用于港口码头、铁路货场与集装箱堆场之间的运输。按驾驶室的形式不同,集装箱牵引车分为平头式牵引车和长头式牵引车两种;按拖带挂车方式不同,其可分为半拖挂方式牵引车和全拖挂方式牵引车;按用途不同,其可分为公路运输用牵引车和货场运输用牵引车。

7.1.1.3 专用载运机具

专用载运机具指标准化运载单元的专用载运设备,包括铁路专用平车(集装箱、半挂车等,含双层集装箱)、半挂车专用滚装船舶等。

(1)铁路专用平车。

铁路专用平车指主要用于运输集装箱、厢式半挂车、可拆卸箱体等标准化运载单元,实现标准化运载单元快速装卸的铁路专用车辆。该类车为平板式或凹底结构,车体上有集装箱锁闭装置、厢式汽车的坚固装置、半挂车的支撑装置,可分为集装箱专用平车、半挂车专用平车、多功能平车等。

①集装箱专用平车。

集装箱专用平车指专门用于运载集装箱或双层集装箱的铁路车辆。单层运输集装箱专用平车(X)为平板式结构,安装有集装箱锁闭装置和安全门挡,底架上无地板;双层集装箱车(X2)为凹底结构,底部安装集装箱锁闭装置,上下层集装箱之间为双头旋锁,凹底部无地板。

②半挂车专用平车。

半挂车专用平车也称驮背车,本书中指专门用于运载厢式半挂车的铁路车辆。目前,按照承载单元技术结构形式不同,半挂车专用平车可分为单端摆动式驮背车、承载架平移式驮背车、劳尔旋转式驮背车、吊装式驮背车等。

③多功能平车。

广义的多功能平车指可以兼顾运输长大货物、裸装机械、厢式汽车等货物以及集装箱、厢式半挂车、可拆卸箱体三种标准运载单元的多功能铁路车辆。本书中的多功能平车涵盖了能够运输三种多式联运标准运载单元即厢式半挂车、集装箱和可拆卸箱体之中任意两种及以上或至少兼顾一种多式联运标准运载单元的铁路平车。

(2)滚装船。

滚装船指可用于运输载货汽车、(半)挂车及火车等运输工具的专用船舶,又称"开上开下"船,或称"滚上滚下"船,它是利用运货车辆来载运货物的专用船舶,用牵引车牵引载有箱货或其他件货的半挂车或轮式托盘直接进出货舱装卸的运输船舶,可以分为客货滚装船、商品汽车滚装船等。

7.1.2 多式联运装备的技术特征

(1)标准化是多式联运系统正常、高效和低成本运行的基础。

装备标准化是多式联运系统正常运行的前提,是装备生产制造、流通加工、监管规范的基本保障,也是多式联运市场规范化运作的必然选择。多式联运装备的标准化能有效统一联运装备的技术规格、安全系数、外观标识和产品认证等,规范联运市场合理运转,促进多式联运的高效运行。多式联运装备的标准化已经成为国际惯例,欧美等都出台了相应的多式联运装备标准,如美国铁路协会(AAR)的标准手册、欧盟道路车辆标准(EEC 96/53)等。多式联运装备标准化可以有效解决公路运输、水路运输、铁路运输、航空运输不同运输方式之间快速衔接的技术难题,是促进各种运输方式相关装备标准相互匹配,打破行业竞争壁垒,加快交通运输行业融合发展的重要支撑。多式联运装备的标准化应用能够加快推进联运装备的批量化生产、机械化作业和便利化监管,从而实现联运各个环节效率的提升,减少倒装次数和装卸复杂性,促进运载单元的流通使用,有效降低倒装成本和人力成本,是多式联运市场未来高效发展的根本选择。

(2)通用性是多式联运装备普适化、规模化和国际化流通的前提。

多式联运本身是致力于发展多种运输方式的联合运输,这就必然要求多式联运装备具备较强的通用性,能够适应在不同运输方式间转移、装载、适配、固定的要求,并且具有较高的经济性和安全性。多式联运装备通用性是经过联运市场选择的必然结果,通用性较好的多式联运装备更有利于装备产品的规模化拓展,从而发挥规模效益,进一步降低多式联运成本。国际经验表明,通用性好的装备市场占有率更高,容易形成规模。美国多式联运装备中,53ft半挂车既适用于普通道路货运,又可以装至铁路平车,还可以载运53ft的内贸集装箱,且空间浪费小、经济性强,因此,在美国各个类型的半挂车中使用率最高,达到了40%。同时,多式联运装备的通用性还体现在区域经济协同发展和全球化贸易发展的趋势中,由于多式联运通常用于解决中长距离运输的效率和成本问题,这就要求多式联运装备必须能够适应区域化、国际化市场的需求,具有极大的通用性,尤其是在我国"一带一路"倡议背景下,多式联运装备的国际通用性是未来联运市场发展的客观要求。

(3) 专业化是多式联运装备细分和拓展多式联运市场的技术保障。

多式联运装备专业化的特征是多式联运系统装备技术演变中形成的客观规律,随着市场的逐渐分化,分工更加细致,多式联运市场相应地衍生出不同的需求,这就要求多式联运装备不断向专业化迈进以适应这种细分的市场需求,减少同质化竞争。以美国多式联运市场为例,美国公铁联运采用驮背运输的初期,半挂车只是放置在铁路平板车上并进行简单固定,随着这种运输方式不断被货运市场接受,相关企业研发出在铁路平车上设置半挂车牵引销的固定座,从而很好地将半挂车固定在铁路平车上,更加专业地服务于驮背运输市场。同时,多式联运装备的专业化还体现在拓展货运市场,由于专业化装备在多式联运的适用性、安全性、经济性上会明显提升,作业效率不断得到增强,通过冷藏集装箱、冷藏可拆卸箱体、罐式集装箱、罐式可拆卸箱体、多功能平车、半挂车吊具等多种专业化联运装备的研发,有效延伸多式联运服务市场范围,增强多式联运竞争力,是多式联运经营企业探索更广阔市场的必然趋势。

(4) 智能化是多式联运装备技术不断提升服务便利化的发展方向。

由于多式联运装备需要在不同运输方式间进行转换,这就要求多式联运装备具备一定的智能化水平,借助物联网、互联网技术的快速发展,时刻掌握联运全过程中运输装备和货物状态、地理位置和到达场站及所处节点的各项信息。同时,随着全球装备制造业发展,多式联运装备技术也将紧随智能制造的浪潮,通过技术革命解放生产力,降本增效。以集装箱吊装设备为例,目前智能化多式联运吊装设备已经可以实现自主抓取码放集装箱,安全性和可靠性不断提升,人工成本进一步降低。多式联运装备的智能化发展更多体现在联运过程中的便利化服务,一方面,多式联运装备的智能化便于承运各方的监管、跟踪、互操作和互联通;另一方面,可以为多式联运经营人、客户、承运方提供信息服务平台,为多式联运提供增值服务,极大地提升多式联运的便利化程度。

7.1.3 多式联运装备技术发展的重要意义

(1) 多式联运装备技术发展是支撑多式联运高效运作的重要基础。

现代意义的多式联运具有无缝衔接、便捷换装、快速转运的特点,这就要求多式联运装备能够通过整合运输资源、打通联运各个环节瓶颈、减少中间不必要的操作环节,才能提升联运过程的质量和效率。从多式联运全产业链条来看,多式联运装备制造处于多式联运全产业链的前端,发展多式联运装备技术是改善我国多式联运落后现状的首要着力点。一方面,发展多式联运装备技术必将规范联运装备标准,从而使联运装备之间相互适用,达到紧密衔接、快速换装的目的；另一方面，发展多式联运装备技术可以有效提高机械化、批量化、专业化、智能化作业的能力，真正实现运输环节的提质增效。因此，打造标准规范、智能通用、功能完善的多式联运装备是支撑多式联运高效运行的重要基础。多式联运装备技术的提升意味着要严格规定装备技术规格、统一制定装备适用标准、进行严密的装备安全测试，尊重市场对技术装备的认可，从而实现淘汰落后设备、强化联运监管、提升设备安全性、适应市场需求的效果，只有率先发展多式联运装备技术，多式联运系统才能逐步走向成熟。多式联运装备技术的发展是解决现阶段我国多式联运装备技术体系不健全的最佳途径，也是打通制约多式联运发展瓶颈的有效突破口。

（2）多式联运装备技术发展是培育运输装备产业集群的新增长点。

制造业是国民经济的主体，2015 年 5 月 8 日，国务院正式印发《中国制造 2025》（国发〔2015〕28 号）行动纲要，贯彻落实了加快推动中国制造业步入世界制造强国前列的战略部署。运输装备制造是我国制造业的重要组成部分，对推动我国制造业整体转型升级具有至关重要的作用，以高速铁路、民用航空、节能与新能源车为主的运输装备制造业已经成功步入国际舞台；随着中国的集装箱吞吐量连续保持世界第一位，中国已经成为全世界集装箱生产制造第一大国、全球半挂车产销第一大国；2023 年，全国载货汽车中牵引车 370.4 万辆，挂车 373.2 万辆，集装箱、半挂车及相关制造业蓬勃发展。运输装备制造已经逐步成为拉动我国制造业迈步自主创新、提升国际竞争力的重要突破口之一。然而，目前国内运输装备发展也面临一定的瓶颈期，全球经济形势不景气，国际集装箱使用量下降，一定情况下造成了装备制造市场的萎靡，尤其是我国以多式联运为主的核心技术装备使用不足、装备结构不优、专业化水平落后，都造成了装备制造业市场不振。发展多式联运装备技术，就是要从供给侧加强高质高效、标准专业的运输装备输入，给予市场活力、产业动力，引领运输装备制造业不断向生产中高端产品转变，以集装箱的应用、厢式半挂车的推广和新的多式联运装备研发为切入点，推动运输装备产业升级，逐步构建我国的运输装备产业集群，培育新兴增长点，支撑运输装备"走出去"，引领中国制造业由制造大国迈向制造强国。

（3）多式联运装备技术发展是带动物流装备整体升级的关键环节。

目前，我国运输装备尤其是道路货运装备面临着超载超限、衔接不畅、种类繁多等问题，不仅造成道路运输管理部门难于监管、运输安全风险大，还导致货运市场出现恶性竞争，降低了物流业服务质量和效率。多式联运装备的研发、使用和推广涉及各种交通运输方式。发展多式联运装备技术，是以多式联运装备的标准化为突破口，通过积极推动我国多式联运发展，发挥多式联运整合市场的先导作用，优先打通不同运输方式在多式联运流程中的标准装载单元、快速转运设备、专业载运机具三者间的适配性,加快推动整个物流行业装备标准提升、转型升级,推动实现货物运输装备之间相互兼容、有效延伸、合理融合,倒逼其他运输方式装备的标准化,尤其是带动货运车型标准化和内河船型标准化迈出新的脚步,最终引领行业形成一套完善的适应市场发展的物流装备标准体系。

7.2 我国多式联运装备技术发展现状

7.2.1 我国多式联运装备技术标准发展状况

随着我国多式联运发展初见成效,多式联运装备的技术标准已经取得了一定的成果。总体上看,公路运输、铁路运输、水路运输、航空运输各种运输方式在独立发展中都形成了相对成熟的装备技术标准,尤其是我国铁路系统形成了自身较为完善的技术标准体系。

然而,由于我国相关管理部门体制分割的原因,各种运输方式要开展多式联运,各种装备技术标准之间还存在着较为严重的不匹配、不适用、不经济等问题;同时我国也面临着一些新兴的多式联运相关装备还未形成相关技术标准的问题,如内贸集装箱、可拆卸箱体、铁路半挂车、专用平车等。可以说,围绕多式联运展开的装备链条还未形成健全的技术标准体系。

7.2.1.1 我国多式联运标准运载单元技术标准发展状况

(1)我国集装箱技术标准发展现状。

集装箱作为跨部门、跨行业的综合运输工具,在现代综合运输体系中占有重要的地位和作用。客观上要求开展集装箱多式联运标准化工作,从而推动铁水联运、公铁联运,实现集装箱运输的无缝衔接。目前,我国的集装箱标准主要由全国集装箱标准化技术委员会负责制定(注:铁路、邮政快递行业内部也制定部分集装箱标准),我国已经形成集装箱标准并不断发展完善。

交通运输部高度重视交通标准体系建设工作,为加强集装箱标准中长期规划和年度计划的科学性、系统性,交通运输部科技司组织编制了"集装箱标准体系表",该体系表为更好地开展我国集装箱多式联运标准化工作提供了重要的指导,在标准体系表的指引下,围绕"标准制(修)订"这一核心任务,集装箱多式联运标准化工作全面展开,扩大了标准覆盖面,标准数量有了明显增长。截止到 2022 年 9 月,共发布集装箱相关国家/行业标准近 70 项,在研计划 9 项。

我国当前的集装箱标准的发展现状总体可以概括为以"国际标准集装箱为主,内贸集装箱为辅"。20 世纪 90 年代前,我国的集装箱标准几乎全部是等同采用《系列 1 集装箱——分类、尺寸和额定质量》(ISO 668—1995),并初步建立了以"国际标准集装箱为主"的标准体系。随后,我国对标 ISO 668 出台了《系列 1 集装箱 分类、尺寸和额定质量》(GB/T 1413—2008),此外还出台了一系列与综合运输较为密切的标准:《集装箱术语》(GB/T 1992—2023)、《集装箱运输术语》(GB/T 17271—2023)、《集装箱代码、识别和标记》(GB/T 1836—2017)、《集装箱设备交接单》(GB/T 16561—2023)、《集装箱运输电子数据交换集装箱进/出门报告报文》(GB/T 22430—2021)、《集装箱进出港站检查交接要求》(GB/T 11601—2023)、《系列 1 集装箱的技术要求和试验方法——第 1 部分通用集装箱》(GB/T 5338.1—2023)、《系列 1 集装箱角件技术要求》(GB/T 1835—2023)。另外,在铁路运输中还曾出现过 1t 和 10t 的集装箱,铁道部也曾出台了相应的技术标准《铁路 1t 通用集装箱技术条件和试验方法》(TB/T 1698—1993)和《铁路 10t 通用集装箱型式尺寸和技术条件》(TB/T 2114—1990),但随着与世界贸易的接轨,该型号集装箱逐步被市场所淘汰,但该标准并未废除。

20 世纪 90 年代后期,现代物流的多样化需求,带来了集装箱规格多元化蓬勃发展,在国际标准集装箱运输发展繁荣的同时,为适应现代物流的发展需要,内贸集装箱运输也得到了蓬勃发展。2017 年,国家标准委发布《系列 2 集装箱 分类、尺寸和额定质量》(GB/T 35201—2017),交通运输部发布《系列 2 集装箱 技术要求和试验方法 第 1 部分:通用货物集装箱》(JT/T 1172.1—2017)、《系列 2 集装箱 吊具尺寸和起重技术要求》(JT/T 1173—2017),填补了内陆集装箱运输领域标准的空白,我国内陆集装箱标准体系初具雏形。

(2)我国联运半挂车技术标准发展现状。

我国道路车辆技术标准体系正在逐步完善,虽然我国在基础标准上不断完善,但我国目前还没有出台单独的厢式半挂车技术标准。

半挂车标准的制定工作由全国汽车标准化委员会挂车分技术委员会负责。2013 年 12 月 20 日,全国汽车标准化委员会挂车分技术委员会秘书处向全体委员发出《关于开展汽车挂车标准梳理工作通知》(汽标委挂分秘〔2013〕15 号),包括挂车标准体系、现行有效国家和行业标准梳理明细和评价表、新制定标准梳理明细和评价表以及需要制定的标准建议表。2014 年 1 月 6 日,挂车分技术委员会对照标准梳理要求、研究委员回函意见,通过委员评议形式形成了挂车标准梳理意见。秘书处工作人员综合多方面意见形成了《交通运输标准梳理情况表》,并依据梳理情况,对《挂车标准体系表》进行了修改补充。截至2023年,已有与综合运输标准相关的《半挂牵引车与半挂车匹配技术要求》(QC/T 912—2013)、《甩挂运输车辆技术要求第2部分半挂车》(JT/T 886.2—2014)等规定了牵引车与半挂车技术要求。2015年,全国汽车标准化技术委员会挂车分技术委员会建立了汽车挂车的标准体系,包含基础标准、服务标准、技术标准(通用标准、互换性标准)、产品标准(整车、零部件)以及相关标准。

从已经发布和拟制(修)定的标准来看:一是道路运输半挂车的技术标准覆盖比较全面,涉及整车、零部件技术要求和试验方法、互换性技术等方方面面,其中包含《半挂车通用技术条件》(GB/T 23336—2022)、《道路车辆货运挂车试验方法》(GB/T 13873—2015)等。二是标准随着我国社会经济的发展不断修订和完善,如《货运挂车系列型谱》(GB/T 6420—2017)已完成修订并发布实施;半挂车的外廓尺寸、轴荷和质量限值等方面的规定也将根据《汽车、挂车及汽车列车外廓尺寸、轴荷及质量限值》(GB 1589—2016)进行相应修订,为我国道路甩挂运输的发展提供了重要的标准支撑。GB 1589在2016年修订后与欧洲车辆现行标准——欧盟汽车技术指令目录(EEC 96/53)基本保持一致。

由于车辆行业整体技术来源主要是欧洲,中国车辆的通过性、安全性和稳定性等标准基本与欧洲接轨。我国现行半挂车相关标准见表7-1。

我国现行半挂车相关技术标准一览表 表7-1

序号	标准号	标准名称	实施日期	备注
1	GB/T 23336—2022	半挂车通用技术条件	2022-01-01	本标准规定了半挂车的技术要求、试验方法及生产一致性检查规则。本标准适用于在道路上使用的半挂车,其结构应能保证用于公路、铁路和航空等运输,其结构应允许分解拆散。归口单位:全国汽车标准化技术委员会(SAC/TC 114)。起草单位:交通运输部公路科学研究院、交通运输部科学研究院、汉阳专用汽车研究所
2	QC/T 912—2013	半挂牵引车与半挂车匹配技术要求	2013-09-01	本标准规定了从事道路货物运输的半挂牵引车和半挂车车型匹配的技术要求,包括一般要求和机械连接、电气连接、结构安全、动力性能和节能环保等专项要求。本标准适用于半挂牵引车与半挂车组成汽车列车时的匹配。归口单位:全国汽车标准化技术委员会

续上表

序号	标准号	标准名称	实施日期	备注
3	GB/T 4606—2006	道路车辆 半挂车牵引座50号牵引销的基本尺寸和安装、互换性尺寸	2006-06-01	本标准规定了半挂车牵引座50号(直径为50.8mm)牵引销的基本尺寸。除此之外,本标准规定了安装和互换的尺寸特性要求。归口单位:全国汽车标准化技术委员会。起草单位:交通部科学研究院、镇江市宝华半挂车配件有限公司
4	GB/T 4607—2006	道路车辆 半挂车牵引座90号牵引销的基本尺寸和安装、互换性尺寸	2006-06-01	本标准规定了半挂车牵引座90号(直径为89 mm)牵引销与超重型车辆相连接的要求。本标准适用于符合《道路车辆牵引座互换性》(GB/T 13880—2007)规定的90号牵引销。本标准还规定了安装和互换性尺寸的特性要求。归口单位:全国汽车标准化技术委员会。起草单位:交通部科学研究院
5	GB/T 4781—2006	道路车辆 50毫米牵引杆挂环的互换性	2006-06-01	本标准规定了50mm牵引杆挂环的互换性要求。本标准适用于总质量不大于3.5t的商用车辆与挂车之间的机械连接装置。归口单位:全国汽车标准化技术委员会。起草单位:交通部科学研究院
6	GB/T 20070—2006	道路车辆 牵引车与半挂车之间机械连接互换性	2006-06-01	本标准规定了牵引车与相连接半挂车之间机械连接的互换性尺寸。本标准适用于安装符合GB/T 4606—2006规定的50号牵引销的半挂汽车列车,并允许二轴或二轴牵引车使用相同的半挂车。本标准不适用于低平板式或倾卸式等专用半挂车。归口单位:全国汽车标准化技术委员会。起草单位:江苏省交通科学研究院、交通部公路科学研究所、江苏省公路学会、中集车辆(集团)有限公司、扬州盛达特种车有限公司、常熟华东汽车有限公司等
7	GB/T 35782—2017	道路甩挂运输车辆技术条件	2018-07-01	本标准规定了道路甩挂运输半挂车的一般要求,半挂牵引车、半挂车和最大允许总质量49t以下的铰接列车的相关要求。本标准适用于道路甩挂运输半挂车的生产与使用

续上表

序号	标准号	标准名称	实施日期	备注
8	GB/T 13873—2015	道路车辆 货运挂车试验方法	2015-12-01	本标准规定了货运挂车(以下简称挂车)主要结构和技术特性参数的测定方法、半挂车牵引座连接区域强度和支承装置连接强度试验方法,以及挂车制动性能和可靠性的试验方法。本标准适用于在公路及城市道路上行驶的挂车试验
9	GB1589—2004/XG2—2008	《道路车辆外廓尺寸、轴荷及质量限值》国家标准第2号修改单	2008-02-18	本标准规定了汽车、挂车及汽车列车的外廓尺寸、轴荷及质量的限值。本标准适用于在道路上使用的汽车(最大设计总质量超过26000kg的汽车起重机除外)、挂车及汽车列车。本标准不适用于军队装备的专用车辆

(3)我国可拆卸箱体技术标准发展现状。

目前,由于中国运输市场中几乎没有使用可拆卸箱体这一标准运载单元,因此,我国还未建立或出台可拆卸箱体相关技术标准。但是,随着物流运输业的不断规模化、专业化,非正规物流企业正逐渐退出历史舞台。在资源整合力度不断加大的大环境下,物流供应链精细化运作程度将不断加深,越来越多的大型物流企业开始关注可拆卸箱体这一运载单元。中集车辆(山东)有限公司已经为众多国内物流企业制作或正在制作相关产品,我国可拆卸箱体技术标准的发布指日可待。

7.2.1.2 我国多式联运快速转运设备技术标准发展现状

快速转运设备在我国已经形成了相对成熟的应用市场,尤其是用于港口码头和铁路集装箱中心站的集装箱转运设备,都已经形成一系列的技术标准规范,见表7-2。

我国现行快速换装设备标准一览表　　　　表7-2

序号	标准号	标准名称	实施日期	备注
1	JT/T 566—2004	轨道式集装箱门式起重机安全规程	2004-09-01	本标准规定了轨道式集装箱门式起重机(以下简称起重机)在设计、制造、安装试验、使用保养、维修与检验等方面的安全技术要求。本标准适用于装卸符合GB/T 1413—2023 的A、C型国际集装箱的起重机

续上表

序号	标准号	标准名称	实施日期	备注
2	GB/T 21920—2008	岸边集装箱起重机安全规程	2008-12-01	本标准规定了岸边集装箱起重机(以下简称起重机)在设计、制造、安装与试验、使用与保养、检验与维修等方面的安全技术要求。本标准适用于装卸符合 GB/T 1413—2023 的标准国际集装箱的起重机
3	GB/T 19912—2005	轮胎式集装箱门式起重机安全规程	2006-04-01	本标准规定了轮胎式集装箱门式起重机(以下简称起重机)在设计、制造、安装试验、使用保养、维修与检验等方面的安全技术要求。本标准适用于装卸 GB/T 1413—2023 规定的 1AA、1A、1CC、1C 型国际集装箱的起重机
4	GB/T 16905—1997	集装箱正面吊运起重机试验方法	1998-02-01	本标准规定了集装箱正面吊运起重机的试验方法。本标准适用于装卸 20ft5 及大于 20ft 集装箱的正面吊运机
5	GB/T 17992—2008	集装箱正面吊运起重机安全规程	2008-12-01	本标准规定了集装箱正面吊运起重机设计、制造、安装、使用与保养、检验与维修等方面的安全技术要求。本标准适用于起重量不小于 24000kg 的正面吊运机,起重量小于 24000kg 的正面吊运机亦可参照使用
6	GB/T 3220—2011	集装箱吊具	2012-03-01	本标准规定了集装箱吊具分类、型号、尺寸、技术要求、试验方法、检验规则、标志与运输。适用于固定式和伸缩式单箱集装箱吊具,其他类型集装箱吊具(以下简称吊具)可参照使用
7	GB/T 26945—2023	集装箱空箱堆高机	2024-04-01	本标准规定了集装箱空箱堆高机的型式、技术要求、试验方法、检验规则以及标志、包装、运输和贮存
8	GB/T 13561.3—2009	港口连续装卸设备安全规程 第 3 部分:带式输送机、埋刮板输送机和斗式提升机	2009-11-01	本标准规定了港口带式输送机、埋刮板输送机和斗式提升机在设计、制造、使用、保养和维修及报废等方面的安全要求。本部分适用于港口装卸、粮仓储运的带式输送机、埋刮板输送机、斗式提升机

续上表

序号	标准号	标准名称	实施日期	备注
9	GB/T 28399—2012	商品车辆滚装专用码头滚装作业安全操作规程	2012-10-01	本标准规定了商品车辆滚装专用码头滚装作业安全操作规程,包括车辆的操作、绑扎和拆绑扎、信号员的指挥等作业的安全作业技术要求。本标准适用于商品车辆(以下简称车辆)滚装专用码头滚装作业
10	YZ/T 0111—2005	托盘式、交叉带式包件分拣机	2005	本标准规定了托盘式、交叉带式包件分拣机的分类、型号和代码,设备组成,主要结构参数,技术要求,试验方法,检验规则以及标志、包装、运输和平共处贮存等。本标准适用于托盘式、交叉带式包件分拣机设计、制造、检验、使用与维护
11	YZ/T 0112—2005	自动识别视频补码信函分拣机	2005	本标准规定了信函分拣机测试卡片(以下简称测试卡片)的分类和规格、技术要求、试验方法、检验规则以及包装、标志、贮存
12	TB 2108—1989	集装箱吊具技术条件	2003-06-01	本标准规定了10t集装箱吊具的技术要求和试验方法。本标准适用于装卸铁路10t集装箱用的无动力吊具。凡新设计和制造的吊具均应符合本标准
13	TB/T 2689.2—1996	铁路货物集装化运输 通用要求	1996-11-10	本标准规定了铁路货物集装化运输的通用要求。通过铁路运输的集装货件及货物的集装方式、集装器具应符合本标准的要求

各项技术标准分别对现有的多式联运快速转运装备的技术规格、安全要求、操作规程等做出了明确规定,基本可以覆盖我国现有集装箱多式联运的各个转运环节。然而,由于我国半挂车铁路驮背运输、内贸集装箱多式联运、可拆卸箱体多式联运发展基本处于空白,针对多式联运内贸集装箱、厢式半挂车以及可拆卸箱体的快速转运设备还未应用,因此,新兴快速转运设备的标准还未建立,这些设备相应的技术标准很大程度上取决于新兴标准化运载单元的技术标准。另外,铁路部门由于运输要求相对严格,也发布了铁路运输对于吊装器具技术要求。

7.2.1.3 我国多式联运专用载运机具技术标准发展现状

(1)我国铁路平车技术标准发展现状。

鉴于我国管理体制的分割,我国铁路部门技术标准自成体系,体系内部各类技术标准相对比较完善。由于铁路部门以运输安全为首要工作,因此,铁路各类运输装备技术标准要求较为严谨。在目前我国的多式联运中,涉及铁路联运的专用载运机具主要以铁路平车为主,包括集装箱专用平车、集装箱铁路两用平车。

1980年,我国铁路部门按照《货物集装箱外部尺寸和重量系列》(GB/T 1413—1980)(现已废止)设计制造了第一代 NJ4A 集装箱专用平车,随后又发展了 X6 系列、K 系列等多种集装箱专用平车,包括 X2K(X2H)型双层集装箱车,并形成了《铁道货车通用技术条件》(GB/T 5600—2018)铁道货车通用技术标准。在现有的多式联运过程中,由于集装箱专用平车保有量有限,铁路部门通常也会使用敞车运送集装箱。

另外,我国铁路的半挂车专用平车仍然处于初步研发阶段,目前驮丰集团与中车齐齐哈尔车辆有限公司已经研制出半挂车专用平车,但还没有正式营运,且还未出台相应的技术标准。我国现行铁路车辆技术标准见表7-3。

我国现行铁路车辆技术标准　　　表7-3

序号	标准号	标准名称	实施日期	备注
1	TB/T 3550.2—2019	机车车辆强度设计及试验鉴定规范 车体 第2部分:货车车体	2020-03-01	本标准规定了铁路货车车体强度设计及试验的术语和定义、符号及名称、一般要求、设计载荷、试验及评价方法。本标准适用于标准轨距铁路上运用的新设计一般用途货车车体结构强度的设计和试验鉴定,且货车最高运行速度不大于160km/h,单列编组总重不大于10000t;组合列车总重不大于20000t,轴重不大于30t
2	GB/T 5600—2018	铁道货车通用技术条件	2019-01-01	本标准规定了标准轨距铁道货车的一般要求、材料要求、制造要求、涂装与标志等
3	TB 2039—89	铁路通用平车车体设计参数	1989-10-01	本标准规定了铁路标准轨距通用四轴平车车体的结构参数。本标准适用于铁路新设计平车。设计任务书另有要求者除外

(2)我国滚装船技术标准发展现状。

目前,滚装船舶在我国使用较少,公水联运主要集中在与内河港口进行短途接驳倒装。我国现行滚装船技术标准见表7-4。

我国现行滚装船技术标准一览表　　　表7-4

序号	标准号	标准名称	实施日期	备注
1	JT/T 786—2010	滚装船舶载运危险货物车辆积载与隔离技术要求	2010-08-20	本标准规定了国内海上滚装船舶开敞式单层甲板装载危险货物车辆的积载与隔离安全技术要求。本标准适用于国内海上滚装船舶开敞式单层甲板装载危险货物车辆的积载与隔离操作
2	GB/T 23433—2009	三峡枢纽过坝载货汽车滚装船船型尺度系列	2009-11-01	本标准规定了三峡枢纽过坝载货汽车滚装船船型尺度系列及推荐主机功率和航速,适用于三峡库区载货汽车滚装船
3	—	内河载货汽车滚装船跳板安全技术指南	2008	适用于安装在内河载货汽车滚装船上车辆装卸作业用的可活动车辆跳板,包括整体式、液压折叠式及液压与机械组合式等跳板型式的设计、建造与检验

7.2.2 我国现有多式联运装备产品技术状况

20世纪90年代起,随着我国多式联运的不断发展,我国以集装箱、半挂车、铁路平车等为主的多式联运装备产品技术要求也不断提升。就目前来看,我国的多式联运装备产品的规格尺寸、额定重量、安全性等重要内容都根据市场需求不断改善,装备的产品品类不断专业化、标准化,装备的技术状况不断取得突破。

7.2.2.1 我国标准运载单元技术情况

(1)我国集装箱产品技术状况。

集装箱运输是现代物流业的发展方向,在全世界范围内发展迅速。在我国,特别是改革开放以来,随着运输行业的大力发展以及与国际先进运输模式的不断接轨,我国集装箱产品技术基本达到国际水平队列。集装箱型号和尺寸要求在本书2.2.2做了具体介绍。

(2)我国联运半挂车产品技术状况。

随着经济社会的迅速发展,我国半挂车在技术水平上不断提升,以《汽车、挂车及汽车列车外廓尺寸、轴荷及质量限值》(GB 1589—2016)和《半挂车通用技术条件》(GB/T 23336—2022)为根本的半挂车基础技术标准不断完善,中国制造半挂车产品已经成为全球产销第一大国。目前,我国现有的公路集装箱运输的车辆基本是根据集装箱的箱型、种类、规格尺寸和使用条件等形成的挂车。

我国长期使用单体车,直到20世纪90年代,国际上鼓励有条件的公路运输企业开展集装箱牵引车甩挂运输,半挂车逐渐受到重视,2010年启动甩挂运输试点后,半挂车应用逐步被推广并被使用,尤其是厢式半挂车以其便利化运输受到了市场的广泛欢迎,以14.6m厢式半挂车的运用为主。根据不完全统计,我国厢式半挂车市场占有率约为总量的6.5%。在我国,由于厢式半挂车仅以GB 1589—2016作为基础标准,还没形成细分的技术标准,厢式半挂车长度参差不齐,并且还存在一些改装车辆。

我国集装箱半挂车发展适用于大型集装箱,适合长距离运输,按其挂车的结构的方式可分为骨架式、直梁平板式以及阶梯梁鹅颈式等。

根据《货运挂车系列型谱》(GB/T 6420—2017)的规定,集装箱卡车的最大载重量不超过45t,单轴最大载重量不超过12t,双联轴最大载重量不超过20t。按照国际标准,40ft集装箱最大额定重量为30.48t,那么装载40ft集装箱的车辆,其最大总重在43~45t,基本上可以适合在我国二级公路上行驶。

7.2.2.2 我国快速转运设备技术状况

我国已有的快速转运设备技术能力正在逐步提升,本书中将快速装运设备分为了三大类,即吊装类、滚装类、平移类设备,这之中包含岸边集装箱起重机、集装箱跨运车、集装箱叉车等。快速转运设备技术变革主要来源于多式联运标准运载单元的多样性。

(1) 吊装类。

我国现有的岸边集装箱起重机主要有轮胎式集装箱龙门起重机、轨道式集装箱龙门起重机和集装箱正面吊运机。

①轮胎式集装箱龙门起重机。

轮胎式集装箱龙门起重机简称轮胎吊或轮胎式箱吊,是大型专业化集装箱堆场的专用机械,用于装卸标准集装箱,如图7-1所示。它不仅适用于集装箱码头的堆场,同样也适用于集装箱专用堆场。

②轨道式集装箱龙门起重机。

轨道式集装箱龙门起重机简称轨道吊或轨道桥,根据其用途不同可分为铁路车站和码头后方使用的集装箱门式起重机、码头前沿使用的集装箱门式起重机、堆场上用的集装箱门式起重机、船用集装箱门式起重机等。与轮胎式集装箱龙门起重机相比,轨道式集装箱龙门起重机有以下特点:跨度较大,可跨14列或者更多列集装箱,堆码层数多,最多可堆放5～6层集装箱；堆场面积利用率高，提高了堆场的堆贮能力；露天机械结构简单，维修保养容易，作业可靠；机械由电力驱动，节约能源；机械沿轨道运行，灵活性差，作业范围受限制；适用于堆场面积有限和吞吐量较大的集装箱专用码头。我国现有的部分轨道式集装箱龙门起重机如图7-2所示。

a) 产品整体结构

b) 产品局部结构

图7-1　轮胎式集装箱龙门起重机产品

a) 产品整体结构

b) 产品局部结构

图7-2　轨道式集装箱龙门起重机产品

③集装箱正面吊运机。

集装箱正面吊运机简称正面吊，其工作原理是通过改变可伸缩动臂的长度和角度，实现集装箱装卸和堆垛作业的工业搬运车辆，如图7-3所示。正面吊具有叉车和汽车吊的双重功能，具有自重轻、视野好、机动性好、操作方便、设备投资小、堆码层数高、作业幅度大、场地利用率高等特点，主要用于集装箱码头、铁路中转站、公路中间站以及集装箱货场的堆垛作业以及码头前沿与堆场间的短距离搬运作业。

图 7-3　集装箱正面吊运机产品

(2) 滚装类。

滚装跳板是公水联运车辆滚装的必要装备。我国现有的滚装跳板一般由 3 节组成：第一节绞接于船体甲板上，称为主跳板，其两侧有两根大臂梁作为支撑结构；第二节绞接于第一节，是过渡部分，它与第一节的臂梁之间设有支撑油缸以调节二节之间的角度；另有一臂梁伸在第二节跳板外，通过设在船上或第二节跳板将第三节跳板绞在一起，第三节跳板又称翼板。船舶航行时，第二、三节跳板在跳板门收起后折叠于第一节后。根据跳板在船上布置的位置来看，有艏跳板、艉跳板、舷侧跳板 3 种；根据跳板本身的形式，又分为直跳板、斜跳板、半旋转跳板和左右旋转跳板 4 种。

(3) 平移类。

①集装箱跨运车。

我国集装箱跨运车应用广泛，主要用于集装箱平移，具有门形跨架，如图 7-4 所示。车门形跨架分为前跨架和后车架两部分。前跨架一般采用管形结构，有四根管形纵梁和四根或六根管形立柱焊成左右两片，前跨架为起升机构提升架的制成和导轨，其作用与叉式装卸车的外门架相似；后车架为箱形结构，作为动力设备以及其他辅助设备的主承。前跨架和后车架焊成一体，即门形跨架。

②集装箱叉车。

集装箱叉车是一种常见货场装卸机械(图 7-5)。为满足集装箱装卸作业的要求，集装箱叉车的性能特点是：一是起重量与各种箱型的最大总重量一致；二是载荷中心距取集装箱宽度的二分之一；三是起升高度按堆码集装箱的层数来确定；四是为改善操作视线,将司机室位置升高,并装设在车体一侧;五是为适应装集装箱的需要,除采用标准叉车外,还备有顶部起吊或侧部起吊的专用属具;六是为便于对准箱位和箱底的叉槽,整个货架具有侧移(约100mm)的性能,货叉也可沿货架左右移动,以调整货叉之间的距离。

图 7-4 集装箱跨运车

a) 集装箱正面叉车　　　　　　　　　b) 集装箱侧面叉车

图 7-5 集装箱叉车

③集装箱牵引车。

集装箱牵引车具有牵引装置、行驶装置,但自身不能载运货物,其内燃机和底盘的布置与普通牵引车大体相同,只是集装箱牵引车前后车轮均装有行走制动器,车架后部装有连接挂车的牵引鞍座,如图 7-6 所示。

图 7-6 集装箱牵引车

7.2.2.3 我国专用载运工具技术状况

(1)铁路专用平车。

①集装箱专用平车。

a.铁路集装箱平车。

目前,铁路多式联运装备产品主要是铁路集装箱平车,车型有 X6BK、X6CK、X1K、X2K(H)、X3K、X4K、X6K、X70 8 种,见表 7-5。

我国铁路专用平车应用情况　　　　　　　　　　表 7-5

车型	载质量	装载集装箱	单箱总重
X6BK	60t	20ft、40ft、45ft、48ft、50ft	40～45ft 集装箱的单箱总重可达 34t
X6CK	60t	20ft、40ft、45ft、48ft、50ft	40～50ft 集装箱的单箱总重可达 30.48t
X1K	61t	20ft、40ft、45ft	20ft 集装箱的单箱总重可达 30.48t;40～45ft 集装箱的单箱总重可达 34t
X2K(H)	78t	下层装载 20ft 集装箱或 40ft 标准高度集装箱;上层装载 40ft、45ft、48ft、50ft、53ft 集装箱	—
X3K	61t	20ft、40ft、45ft、48ft、50ft、53ft	—
X4K	72t	20ft、40ft、45ft、48ft、50ft、53ft	—
X6K	61t	20ft、40ft	20ft、40ft 集装箱的单箱总重可达 30.48t
X70	70t	20ft、40ft	20ft、40ft 集装箱的单箱总重可达 35t

b.半挂车专用平车。

半挂车专用平车在我国仍然处在研发阶段,主要有单端摆动式、承载架平移式、吊装式等几种。

单端摆动式驮背车如图7-7所示。采用单端转动技术,设置了液压、电气系统,仅需平面站场,地面硬化,并提供电源即可完成汽车或挂车自行上/下作业。该技术对于我国发展驮背运输初期具有较强的借鉴意义。其优点为车辆装载面低、对站场要求低,可自行装卸,效率高,适用于铁路限界轮廓较小的线路。其缺点为驮背车车辆自重较大;公路汽车或厢式半挂车需要符合公路汽车外廓尺寸、轴荷及质量限值标准。

图7-7 单端摆动式驮背运输车

承载架平移式驮背车,如图7-8所示。采用车辆中部平移技术。车辆结构和站场配套设施复杂。车辆及地面均需设置液压、电气系统,以满足公路货车或挂车自行上/下驮背车的作业需求。优点为公路汽车上/下操作驮背车相对简单,效率高。缺点为车辆、站场均需设置液压、电气系统,综合投资成本相对较高。

图7-8 承载架平移式驮背运输车

吊装式驮背车如图7-9所示,吊装式驮背车用半挂车如图7-10所示。吊装式驮背车有两种结构型式,一种是美国采用的普通平车吊装式驮背车,由于美国铁路限界轮廓较高,采用普通铁路平车即可满足驮背运输的要求。我国受铁路限界轮廓高度较低等因素的制约,该种方式不适用;另一种是欧洲采用的凹底结构吊装式驮背车,吊装式驮背车需要站场配套门式起重机或正面吊等吊装设备,吊装时采用专用吊具或辅助托盘。凹底结构吊装式驮背车的优点为车辆结构简单,普通结构凹底车、平车(仅适用于铁路限界轮廓较大的铁路线路)即可满足驮背运输需要;缺点为站场需配备门式起重机、正面吊等吊装设备,装卸效率低,且公路汽车需具备吊装条件。

图 7-9 吊装式驮背车

图 7-10 吊装式驮背车用厢式半挂车

②多功能平车。

我国在多功能平车方面已有成熟的技术储备,主要有平车—集装箱共用平车(NX)、平车—集装箱—厢式汽车多功能平车(NXQ)、集装箱—半挂车两用车(XB)、集装箱—厢式汽车两用车(XQ)、集装箱—厢式汽车—半挂车三用车(NQB)5 种。

a. 平车—集装箱共用平车(NX)。

单层运输集装箱和钢材、桥梁、坦克、汽车、大型机械设备等货物的专门车辆。该车为平板式结构,底架上安装有集装箱锁闭装置,两端安装活动端渡板,两侧安装有加固栓结点,底架上铺设木质或钢质地板。集装箱采用吊装方式装卸,汽车、坦克采用滚装方式装卸。车型有 NX17(A)K、NX17BK(H)、NX70(H)、NX70A 4 种,见表 7-6。

我国集装箱共用平车应用情况 表 7-6

车型	载质量	装载集装箱	单箱总重
NX17(A)K	60t	20ft、40ft	—
NX17BK(H)	61t	20ft、40ft、45ft、48ft、50ft	20ft 集装箱单箱总重可达 30.48t;40ft~45ft 集装箱的单箱总重可达 34t
NX70(H)	70t	20ft、40ft、45ft、48ft、50ft	20ft 集装箱单箱总重可达 35t;40ft~45ft 集装箱的单箱总重可达 34t
NX70A	70t	20ft、40ft	20ft、40ft 集装箱的单箱总重可达 35t

b.平车—集装箱—厢式汽车多功能平车(NXQ)。

该车型与上述 NX 车型类似,该车为平板式大轮重结构,在 NX 车型功能的基础上,可用于厢式汽车的运输,集装箱采用吊装方式装卸,厢式汽车、坦克采用滚装方式装卸。

c.集装箱—半挂车两用车(XB)。

单层运输集装箱和半挂车的专门车辆。该车为平板式或凹底式大轮重结构,底架上安装有集装箱锁闭装置,两侧安装有加固栓结点,底架上无地板。集装箱采用吊装方式装卸,半挂车采用吊装或滚装方式装卸。

d.集装箱—厢式汽车两用车(XQ)。

单层运输集装箱和厢式汽车的专门车辆。该车为平板式或凹底式大轮重结构,底架上安装有集装箱锁闭装置,两侧安装有加固栓结点,底架上铺设钢质地板。集装箱采用吊装方式装卸,厢式汽车采用滚装或吊装方式。

e.集装箱—厢式汽车—半挂车三用车(NQB)。

单层运输集装箱、厢式汽车和半挂车的专门车辆。该车为平板式或凹底式大轮重结构,底架上安装有集装箱锁闭装置,两侧安装有加固栓结点,底架上铺设钢质地板。集装箱采用吊装方式装卸,厢式汽车、半挂车采用滚装或吊装方式装卸。

(2)滚装船。

①客货滚装船。

客货滚装船是以运送旅客为主,同时还装运部分车辆、集装箱或其他杂货等,是一种多功能滚装船型,运载能力以载运旅客的客位数和可装运的标箱数或车辆数或车道长度来衡量,适用于近海航线上的营运。

②商品汽车滚装船。

商品汽车滚装船指专门装运汽车的滚装船。商品汽车滚装船分为PCC和PCTC两类,其中PCC为装载小汽车的汽车船,PCTC为装载汽车及卡车的汽车船。

7.2.3 我国多式联运装备应用情况

我国多式联运主要可以分为公铁联运、公水联运、铁水(海)联运、江海联运几种形式。随着运输行业整合力度的不断增大,我国多式联运发展逐步起步,但由于管理体制上的原因,我国的多式联运仅仅延伸了运输的服务范围,提供"门到门"服务并未达到现代化物流的要求,距离快速换装、高效转运、无缝衔接的多式联运状态相去甚远。但总体上看,我国在集装箱多式联运发展上还是取得了一定成绩的,虽然没有形成统一互联的技术标准体系,但由于各种运输方式的快速发展,形成了一定的联运基础。我国现行的多式联运装备包括但不限于集装箱、半挂车、正面吊、叉车、铁路平车、滚装船等,这些装备在我国目前的多式联运中起到了不可或缺的作用,具体运输装备应用见表7-7。

我国多式联运运输装备应用情况　　　　表7-7

序号	运输方式	运输形式	运输装备		
			专用载运工具	标准运载单元	快速换装设备
1	公铁联运	驮背运输(仍在筹备)	半挂车专用平车(已经研发)	厢式半挂车	滚装或吊装类设备等
2	公铁联运	箱驮运输	集装箱专用平车	集装箱	吊装类设备等
3	公铁联运	可拆卸箱体运输(还未开展)	公路货运牵引车 铁路平板车	可拆卸箱体	吊装类设备等
4	公水联运	集装箱联运 滚装运输	集装箱船 滚装船	集装箱 厢式半挂车	滚装类设备等
5	铁水(海)联运	—	集装箱船 集装箱专用平车	集装箱	吊装类设备等
6	江海联运	江海直达运输	江海直达运输船舶(内河货驳,内河推轮)	干散货或集装箱(按船舶用途分)	吊装类等
7	陆空联运	—	飞机 铁路车辆 公路卡车、牵引车和半挂车	托盘 集装箱	滚装、吊装类设备等

7.2.3.1 我国公铁、铁水(海铁)联运装备应用情况

我国多式联运整体处于发展初期,由于我国长期以来公路和铁路分别由交通部和

铁道部管理,在规划和管理上配合度不高,难以实现优质高效的公铁联运。驮背运输这种组织模式对公路车型标准化和铁路载运工具的匹配要求较高,在我国并未推广,可拆卸箱体的使用也相对较少。目前,我国公铁联运主要涉及的是传统的通过半挂车接驳的集装箱多式联运,主要依托中国铁路总公司下18个已经建成的集装箱中心站,所应用的装备主要包括但不限于集装箱、集装箱半挂车、其他公路集装箱运输车辆、铁路平板车等。

我国铁水联运从20世纪90年代开始起步,发展较快,到现在已经形成了一定规模。宁波港、连云港港等沿海港口依托已经开通的多条至内陆省份的"五定班列"集装箱专线开展海铁联运业务。青岛港、天津港、上海港、大连港等港口已经开始了"铁路港站"的建设及"五定班列"运营。海铁联运中,国际集装箱是主要应用的标准运载单元,同时,各类桥吊起重机、正面吊等机具也在各大港口、铁路集装箱中心站广泛应用。但从总体上看,我国海铁联运发展水平偏低,集装箱海铁联运运量占集装箱总运量的比例很小,与发达国家相差甚远。另外,全国铁路集装箱专用平车保有量与港口数以亿计的集装箱吞吐量发展不成正比。

(1)铁路集装箱多式联运稳步推进。

1955年~1986年,铁路系统根据车辆载质量、货物特点以及与公路运输、水路运输相匹配等因素,先后研制了2.5t(后增载为3t)铁木合制箱、1t箱、5t箱和10t集装箱。实践证明,1t和10t集装箱比较适合当时铁路货运的发展要求,1987年,铁路系统停止制造5t箱,1t箱主要用于铁路零担货物运输,将10t箱作为铁路主型箱大量生产。

20世纪90年代以来,为适应外贸运输发展的需要及融入国际集装箱多式联运,铁道部开始大力发展20ft和40ft国际标准箱,把国际标准集装箱作为铁路主型箱进行发展。随着铁路零担业务的逐步取消,2007年11月27日,铁路全路取消办理10t集装箱运输业务。2012年,铁路运输全部取消1t集装箱运输业务。

在通用集装箱迅速发展的同时,铁路运输也一直致力于特种集装箱运输发展,2010年底已开发了干散货集装箱、汽车运输箱、水煤浆罐式集装箱、散装水泥罐式集装箱、折叠式台架集装箱、石油沥青集装箱等。特种集装箱的研制和使用大大提高了货物集装化率,充分发挥集装箱运输在操作安全、换装便捷、快速准时等方面具有的优势。

1999年11月,铁路双层汽车集装箱开始投入试用(图7-11)。汽车集装箱是针对日益增长的小汽车运输需求开发的,现有50ft、40ft和20ft三种箱型。50ft箱每箱可装运轿车6~8辆,装运中型面包车3辆,爬装轻型货车4辆。20ft汽车集装箱每箱可装运轿车2辆,主要针对进口汽车零散运输而设计的。除了双层汽车集装箱,还有台架式集装箱陆续生产投入运营。台架式集装箱是专门为微型汽车、轻型货车及农用车的铁路运输而设计的。

图 7-11　铁路双层汽车集装箱

2000 年 4 月,铁路系统开始投入使用 20ft 弧形罐式集装箱,主要装运润滑油、植物油等普通液体货物。2001 年,开始投入使用 20ft 干散货集装箱。该集装箱是在通用集装箱的基础上,为适应散堆装货物的封闭运输而设计制造,主要装运通用集装箱适箱货物和适箱散堆装货物。干散货集装箱如图 7-12 所示。

a) 20ft弧形罐式集装箱

b) 20ft干散货集装箱

图 7-12　干散货集装箱

2002 年 4 月,铁路系统开始生产 20ft 散装水泥罐式集装箱,并陆续投入使用,主要装运散装水泥。从 2003 年 5 月,20ft 水煤浆罐式集装箱开始投入使用。铁路罐式集装箱如图 7-13 所示。

2023 年,中国铁路集装箱发送量达到 3323 万 TEU,同比增长 5.1%,铁路集装箱发送货物 7.32 亿 t,同比增长 7.1%,占铁路货运总量的 14.5%;装车量占铁路总装车量

25.5%。集装箱成为铁路发展多式联运的中流砥柱。

a) 20ft水泥罐式集装箱

b) 20ft水煤浆罐式集装箱

图7-13　铁路罐式集装箱

(2) 铁路专用车辆研发不断推进。

为了适应运输市场的要求,中国铁路系统开发了多种集装箱运输车辆,既有单层集装箱车,也有双层集装箱车;既有2×20ft的短集装箱车,也有3×20ft的长集装箱车;既有X型集装箱专用平车,也有NX型箱平两用车。

同时,车辆主要技术性能大幅提高。随着车辆技术的进步,集装箱运输车辆的载重从50t、60t发展到70t、78t,速度从80~100km/h发展到了120km/h,承受的列车纵向力从5000t编组发展到万吨级列车编组,车辆检修周期由5年延长到8年,取消了辅修。

车辆主要零部件水平提高,集装箱运输车辆的转向架由转8A、转8G发展到转K2、转K3、转K4、转K5、转K6;车钩由13号钩发展为13A小间隙车钩、17号联锁式车钩;缓冲器由2号缓冲器发展到了MT-2、MT-3型缓冲器;制动机由原GK阀、103阀发展到了120阀、120-1阀等。

集装箱运输安全性得到加强。集装箱运输车辆车体的主要承载件由原Q235-A普碳钢发展到了Q450NQR1高强度耐候钢,空重车调整由手动调整发展为自动调整。集装箱锁闭装置由直台锁、凸台锁、全自动锁发展到了F-TR锁。

7.2.3.2　我国公水联运装备应用情况

集装箱公水联运是我国多式联运发展的重点,公路运输和水路运输市场化程度高,公路运输又是港口最便利的集疏运方式,因此,在我国集装箱公水联运发展很快。

集装箱公水联运涉及的装备较多,主要包括但不限于集装箱、半挂车、船舶、岸边集装箱起重机、多用途桥式起重机、多用途门座起重机、高架轮胎式起重机、集装箱正面吊、集装箱跨运车、集装箱牵引车、叉车、自动导向车等。近年来,随着智能化的发展,全自动化码头的出现,自动化起重设备、搬运设备也不断出现。

同时,在公水联运领域,依托滚装船的滚装运输发展也小有起色,2011年,交通运输部按照"十二五"发展规划,在全国范围内启动了甩挂运输试点工程,其中包含了滚装运输甩挂试点项目,如渤海湾滚装运输、长江滚装船甩挂运输等。半挂车滚装运输在内河港口一些上下游接驳中发挥了一定作用,如三峡地区滚装船舶翻坝。

7.2.3.3 我国陆空联运装备应用情况

陆空联运是兼顾火车、飞机和卡车联合运输的方式(Train-Air-Truck,TAT)或兼顾火车、飞机的联合运输方式(Train-Air,TA)。在我国,陆空联运发展相对比较滞后,因此,依托陆空联运的装备应用十分有限,2023年,我国共有全货运航空公司13家、全货机257架,与美国上千架专用货机的保有量仍相差甚远。2023年,我国民用运输机场完成货邮吞吐量1683.3万t,其中,国内航线完成967.7万t,国际航线完成715.6万t。

托盘与航空箱作为空陆联运过程中不可或缺的装备,根据机型与货物的不同特点,国标现已对其材质、尺寸、适用范围等进行了规定,以适应空陆联运过程中对时效性及无缝接驳的要求,其中《联运通用平托盘主要尺寸及公差》(GB/T 2934—2007)规定了联运通用平托盘主要尺寸及公差,《集装箱空/陆/水(联运)通用集装箱技术要求和试验方法》(GB/T 17770—1999)规定了空/陆/水(联运)通用集装箱技术要求和试验方法。空陆联运作为一个连贯的运输过程,其技术特点是航空运输与陆路运输采用同一套运输管理规范,消除传统转运过程中的冗杂环节,使联运过程顺畅通达。空陆联运结合了班机运输速度、运输距离的优势与地面运输车队机动灵活的特点,能够更好地适应现代物流对及时性和安全性的要求。

空陆联运主要有空陆空联运、陆空路联运和陆空联运等形式,是通过火车、飞机和卡车这几种复合一贯制运输的方式,实现"门到门"的运输服务模式。目前,空陆联运空中运输阶段由运输飞机实现,地面运输阶段常由卡车航班完成,航空货物运输过程中,采用托盘、航空集装箱等标准化装备装载货物,为陆空运输提供无缝接驳。卡车航班在运输时,虽然是地面运输,却和飞机航班一样有航班号、承运人、起点站、目的站、预计进出港时间等属性,遵守国际航协的很多空运管理规范,在整个空陆联运阶段,货机与地面运输车队形成协调完善的运输体系。

7.3 我国多式联运装备技术发展需求及趋势

(1)"一带一路"倡议对多式联运及装备技术发展的影响和要求。

2014年,我国提出建设"丝绸之路经济带"和"21世纪海上丝绸之路"的"一带一路"倡议。十八届三中全会通过的《中共中央关于全面深化改革若干重大问题的决定》明确提出我国将持续推进"一带一路"建设,形成全方位开放新格局。随着倡议的不断推进,"一带一路"有望成为中国经济新的增长点。2014年9月,国务院印发的《物流业发展中长期规划(2014—2020年)》明确提出了多式联运、供应链管理等多项工程,为一体化战略的推进奠定了相应的基础。在"一带一路"倡议架构下,物流业迎来了重大的发展机遇。

多式联运是我国物流业发展的战略性问题,对构建综合交通运输体系,提高社会物流资源使用效率,建立区域经济一体化和以"丝绸之路经济带""21世纪海上丝绸之路"为主的国际经贸合作大通道,促进经济转型升级,具有极其重要的作用。当前,我国处在结构性的产能过剩时期,产业间的合作尤为重要。发挥各种运输方式的比较优势,形成合理分工与有效衔接,依据市场规律,科学配置资源,是当前我国多式联运的重要任务。

我国的多式联运并没有很好地发挥其优势,整体上还未构建有效的联运一体化形式,存在"联不上"和"联不好"的问题,各运输方式之间存在着竞争,多式联运转运等设施也仍显不足。整体衔接效率较差,亟待解决,尤其是在"一带一路"倡议的背景下,互联互通的实现有赖于多式联运的完备来提高效率,这就对多式联运及多式联运装备国际化接轨的技术提出了新的要求。

为加快多式联运发展,需要进一步完善运输工具、装载单元、货运枢纽的设施、换装设备等物流装备,并探索在联运单证、信息交换与共享、危险品运输、多式联运经营企业、多式联运物流园区建设及服务等方面标准的统一化,建立与国际接轨的多式联运技术装备体系。

(2)综合交通运输发展对装备技术的需求。

2013年,新一轮国务院机构改革实施后,交通运输部初步具备统筹规划铁路、公路、水路、民航发展职能,交通运输大部制改革基本落实到位。交通运输大部门体制的建立,综合运输体系的建设为各种运输方式的资源整合、结构优化创造了条件,通过统筹综合运输布局规划、政策法规和标准规范,充分发挥各种运输方式的整体优势和组合效率,

将为现代多式联运高速发展提供制度保障,也为多式联运装备技术的发展提出了新的要求,即:

全面推广现代化转运装卸设备;推广标准化、集装化、厢式化运载单元和托盘的应用;建设物流台车、集装袋、物流箱等集装化单元装卸机具,大型转运吊装设备、非吊装式换装设备,以及适应铁路驮背运输、公铁滚装运输的铁路专用平车、运载单元拴固设备等技术标准体系;发展货物状态监控、作业自动化等技术装备,支持研发和使用大型、高效、节能环保的装卸设备和快速转运设备,支持运输装备的通用性、现代化和标准化。

(3)装备制造产业政策对多式联运装备产业的影响。

2015年3月,我国政府部署推动"中国制造2025"战略,这是制造业发展三步走的第一个10年计划,以期通过这个战略进入制造业强国行列。

"中国制造2025"战略鼓励中国的优势产业和装备制造业"走出去",到东盟国家去投资设厂,带动东盟国家的产业和工业化水平的提升,也鼓励中国企业积极地参与东盟国家的基础设施建设,与东盟国家还要共建一批经贸合作园,同时,也要稳步推进边境经济合作区和跨境经济合作区的建设,打造跨境的产业链,对多式联运装备技术发展带来了新的机遇与挑战。

7.4 我国多式联运装备与技术创新应用的对策建议

7.4.1 我国多式联运装备技术发展的重点任务

(1)建立多式联运运输装备技术发展框架体系。

在ISO国际海运箱体系外,确立以内贸集装箱为主,(联运)半挂车为辅的标准运载单元体系,可脱卸箱体不作为近期推广重点,加强其可行性和适用性研究。围绕以上原则,建立全套以标准化运载单元、快速转运设备、专用载运机具为组成的多式联运装备技术体系。同时,在兼顾多种运输方式和不同标准运载单元的原则上,确立装备尺寸与重量、固定方式、匹配要求等一系列关键技术要求。

(2)确定多式联运技术装备技术重点突破领域。

①内贸集装箱体系。

尽快在ISO国际海运箱体系外,建立内贸集装箱体系。确立以欧洲标准为基础、大型化(特别是53ft)为重点的研究方向。将内贸集装箱运输明确纳入《交通运输重大技术方向和技术政策》,在行业技术管理政策上予以支持和鼓励。建议交通运输部科技司协调全国集装箱标准化技术委员会、全国道路运输标准化技术委员会等相关标准化技术委员会组织制定内贸集装箱系列标准,优先制定发布内贸集装箱运输规格标准。建议组织内贸集装箱多式联运示范工程,进行行业示范,并尽快形成实践成果。

②(联运)半挂车的车型标准化。

建议针对半挂车公铁联运,从多式联运角度研究提出标准化(联运)半挂车车型,并组织试点进行试验推广,研究其经济性,对半挂车公铁联运的适用条件、突破方向进行顶层规划,在一定范围内进行技术推广和应用。在适用区域鼓励滚装运输规模化、专业化发展,对专用货滚船进行技术研究储备,为标准制定、行业管理奠定基础。

③铁路双层集装箱。

总结现有经验和问题,根据我国实际,重新提出可操作的线路网络和具体推进路径,建立短期、中期、长期发展规划。结合线路规划和基础设施建设,对相应装备设施进行再开发和再研究,在利用现有装备的基础上鼓励技术创新。开放市场,引入公路运输、水路运输装备企业参与技术攻关和装备研发,形成合力,保证装备配合多种运输方式,具备实操性能。

④高铁快递专用成套装备。

联合高铁快递使用企业,结合高铁快递的转运机制调整,开发相应装备,解决高铁快递目前最突出的转运阶段耗时耗工问题。推动高铁车站适应快递公司的装卸作业要求,建立笼式货物箱标准,实现高铁、汽车与集装箱的无缝对接。

7.4.2 我国多式联运装备技术标准体系框架

区域性的多式联运技术标准体系主要用于规定该区域内参与各类联运的运载单元、转运设备和运载工具标准,其基础是运载单元标准,即(联运)半挂车、内贸集装箱(和可拆卸箱体)标准,以适应和满足不同地区的铁路、道路车辆尺寸标准、质量限值等要求。

目前,主流的多式联运技术标准体系包括欧洲标准和美国标准两大体系,其中,欧洲标准主要在欧洲地区及接壤的部分亚洲地区使用,美国标准在北美地区使用。两大标准体系的主要区别来自其规定的主流内陆运输集装箱基础尺寸标准和半挂车标准,欧盟标准以45ft可脱卸箱体形式的内贸集装箱和半挂车为主,美国标准以53ft的内贸集装箱和半挂车为主。我国公路半挂车和集装箱标准与欧美标准对接情况见表7-8,铁路平车尺寸与欧美内陆箱尺寸对接情况见表7-9。

我国公路半挂车和集装箱标准与欧美标准对接情况 表7-8

装备	参数	中国（GB 1589—2016）	欧盟（96/53 EC）	美国
半挂车	长度(mm)	13750	√	×
	宽度(mm)	2550	√	×
	高度(mm)	4000	√	×
	最大质量(t)	40	√	×
内贸集装箱	外长 ft(mm)	45(13720)	√	×
	外宽(mm)	2550(冷藏2600)	√	×
	外高(mm)	2896	√	√
	最大质量(t)	34(加半挂车总质量40)	√	×
可脱卸箱体	外长(mm)	—	7150、7450、7820	—
	外宽(mm)	—	2550	—
	外高(mm)	—	2670	—
	最大质量(t)	—	16	—

我国铁路平车尺寸与欧美内陆箱尺寸对接情况 表7-9

车型	质量(t)	自重(t)	车辆长度(mm)	底架长度(mm)	45ft 适用	53ft 适用
集装箱两用平车（NX型）	60	22.5	—	13000	×	×
	61	22.9	—	16338	√	√
	70	23.8	—	15400	√	×
集装箱专用平车（X型）	60	22.9	16338	15400	√	×
	61	19.5	14738	13800	√	×
	70	22.4	13466	12500	×	×
	72	21.8	19416	18400	√	√
	78	22	19466	18500	√	√

从表7-8对比情况可以看出，《汽车、挂车及汽车列车外廓尺寸、轴荷及质量限值》（GB 1589—2016）出台后，除了未制定可脱卸箱体标准，我国半挂车与集装箱尺寸标准均与欧盟标准保持一致，美国集装箱和半挂车标准尺寸普遍大于我国标准。

从表7-9对比情况可以看出，我国铁路集装箱专用平车或平车—集装箱两用平车在轴重、轮距和限界等参数上与欧盟标准基本一致。我国铁路集装箱平车适合运输20~40ft标准集装箱，宽度也可满足各类加宽集装箱要求；欧洲标准的45ft集装箱，目前我国有多种类型平车可进行运输，只是保有量较小；美国标准的53ft集装箱，我国仅有极少量的平车可进行运输，如果要普及运输，需要进行较大规模的设备改造和新增。

我国道路车辆的标准与欧洲趋同，《汽车、挂车及汽车列车外廓尺寸、轴荷及质量限值》(GB 1589—2016)与欧盟车辆一致；铁路平车目前仅具备运输欧洲标准的45ft集装箱的能力；中国与欧洲在陆地接壤，中国与欧洲之间的很多国家也采用欧洲标准，标准兼容后，整个欧亚大陆的半挂车和集装箱等运载单元流动更顺畅，能更有效开展国际多式联运，服务于国家"一带一路"倡议。随着西部大开发、工业向西部转移、外贸规模的进一步扩大、海铁联运规模进一步扩大，东西向规模化、长距离运输需求势必大量增加，48ft、53ft甚至更大尺寸集装箱，集装箱双层运输等可以较好地实现规模化运输，有效降低成本，因此，长期发展需考虑大型化集装箱发展趋势。

现阶段，我国多式联运相关的标准体系发展尚未完善，建议以欧洲成熟的装备体系为基础，参考美国和欧洲的大型化发展方向，根据中国国情进行具体研究完善。

与各运输方式各自装备相区别，从多式联运角度统筹安排和考虑，保证装备在多种运输模式间的效率和公平，推动设备的标准化。按照内贸集装箱为主、(联运)半挂车为辅、可脱卸箱体储备研究，以及兼顾多种运输方式和不同标准运载单元的两大原则，提出多式联运装备技术标准体系框架建议如图7-14所示。

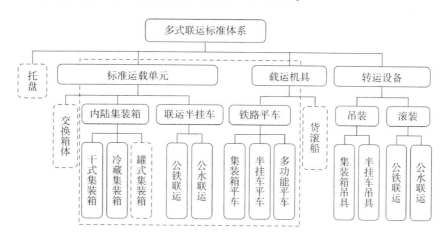

图7-14　多式联运装备技术标准体系框架

标准顺序为：优先建立内贸集装箱标准，再发展联运半挂车标准；根据标准运载单元，逐步建立铁路平车、吊装设备和滚装设备标准；探索发展可脱卸箱体和货滚船标准。

标准目的为：逐步实现公路运输、铁路运输和水路运输的运载单元互换，保障其衔接和互联技术，保证多式联运各种运载单元的尺寸与质量协调性、安全性和经济性，保证运输模式转换的高效、快速和准确，并与托盘、载运机具、转运设备等实现无缝对接，实现多式联运装备的标准化、通用化和效率最大化。

图7-14中虚线框内为应率先突破的核心技术标准,具体建议如下。

(1)建立内贸集装箱装备标准。

国际发展经验表明,由于ISO集装箱是针对远洋航行设计的标准,有严格的尺寸和技术要求,特别在托盘装载方面有宽度限制,是不适合用于国内内陆运输体系的。开发专门的内陆箱装备用于内陆多式联运运输,尽管增加了集装箱品种,但是其增加的容积和效率远远超过了此成本,因此,建立适合中国国情的内贸集装箱标准是十分必要的。

考虑到未来公铁联运将是内陆多式联运的主流,内贸集装箱的尺寸和质量限值标准均应参照道路车辆的尺寸、质量限值标准来制定,以实现载货单元的装载量标准化,为客户提供基本无差别的运输量体验,利于多种运输方式的高效运行和无缝对接。建议内贸集装箱标准目前参照《汽车、挂车及汽车列车外廓尺寸、轴荷及质量限值》(GB 1589—2016),基于45ft长度,以外部宽度2550mm为基础进行规划。同时,从我国的高速公路条件、未来经济和多式联运发展空间考虑,更长尺寸的内贸集装箱应纳入研究和发展规划,进行53ft内贸集装箱试用。运载单元及托盘标准建议具体见表7-10。

运载单元及托盘标准建议　　　　　　　　表7-10

装备		外形尺寸 (mm)	最大质量 (kg)
类别	规格		
内贸集装箱	10ft、20ft、40ft、45ft、48ft、53ft	最大尺寸: 16154×2550(2600)×2896	35000
半挂车	牵引销至挂车最后端12000mm	13750×2550(2600)×4000	40000
罐式集装箱	10ft、20ft、30ft、40ft、45ft	最大尺寸: 13716×2550×2750	35000
标准托盘	1200mm、1000mm、800mm	1200×1000 1200×800	1000

(2)建立联运半挂车标准,加强道路车型标准化。

半挂车将是我国未来内陆多式联运,特别是公铁联运一个重要组成部分。从美国经验可以看到,尽管内贸集装箱的双层运输与一个平车只能装一台半挂车相比,在单次运量上有巨大的优势,但半挂车驮背运输由于其较强的灵活性,仍占据了内陆多式联运相当稳定的市场份额。鉴于短时间内集装箱双层运输不容易在中国推广,未来我国的公铁联运中,半挂车应该会占据一定的份额。同时,在滚装运输方面,我国已在环渤海湾区和长江中上游(三峡翻坝)地区形成了一定的市场规模,说明我国部分线路和区域具备发展半挂车滚装运输的条件,有继续探索发展的必要性。

鉴于这样的形势,有必要尽快形成相关标准。因目前中国尚无关于用于公铁联运半挂车的标准,建议参考美国铁道协会多式联运标准(AAR M931),制定公铁联运半挂车的标准,完善联运半挂车的技术条件要求,为半挂车的公铁联运打下基础。同时,在滚装运输方面,目前虽然开展了一定量的业务,但其规模并不大,专业化程度也不高,有必要在开拓培育市场的同时,提升装备(主要是专用货滚船)的专业化程度。

道路车型标准化的工作需配合同期开展。由于公铁联运半挂车需要与标准化的铁路平车匹配,本身应为高度标准化的车型,而目前我国公路上车辆标准化程度相对较低,即使根据长度分类,品种也繁多,这为标准化公铁联运半挂车的标准制定设置了一定困难。建议制定该标准并同时加强道路车辆标准化的管理和治理工作,进一步简化标准车型(特别是尺寸、载重)种类,同时加强道路超限车辆的治理工作,提高公路车辆的标准化水平,为公铁联运半挂车创造公平的竞争环境。在促进多式联运发展的同时,半挂车公铁联运的推广,也能为公路的车型标准化提供正反馈和良性循环。

(3)制定多样化的平车标准。

根据标准运载单元的发展,在装备框架体系总体内,完善多样化的铁路平车标准。运载器具与运载单元实现高效匹配,能够提高有效装载量且同时满足多种装备的服务。建议根据中国铁路平车的轴载、限界等条件开发可以同时装载 ISO 集装箱、内陆箱、可脱卸箱体和半挂车的多功能铁路平车。目前,在欧美都有较成熟的产品可以借鉴,同时我国的技术储备也具备相应的发展能力。

7.4.3 我国多式联运装备产业组织体系的创新

由于多式联运装备技术本身难度并不高,目前我国的技术储备也相对充足,在产业组织上更注重于方向确立和应用推广。

(1)推进重点领域自主技术创新。

①加强基础理论研究。

综合研究不同运载单元的经济适用性,从整体经济社会角度,分析使用不同多式联运运载单元的综合成本以及效益提升,判断其经济适用性和合理性;结合我国贸易特点和物流发展趋势,回答是否有必要建立与北美、欧洲、澳洲并行的世界第四套内陆多式联运系统,提出我国内陆多式联运系统具体参数的确定原则和方法及其应用评价体系。

②加强实用技术研究。

紧紧围绕运输效益、运输安全、工程建设、装备制造、运营管理等需要,设立重大项目,瞄准关键技术和重点方向,推进多式联运实用技术的开发。

(2)建立产学研用联盟体系。

由于多式联运涉及多个行业,任何一家企业都不可能控制整个产业链,更不可能通过单一产品和生产线的方式来实现整个产业规模乃至相关产业链发展,多式联运产业发展是一系列与技术开发、装备制造、基础设施、信息交互以及营运组织等众多相关企业的合作联动发展。

①促进产业联盟的形成和发展。

建议加强产业政策引导,以成熟推广应用为目标,对产业联盟的开放式创新活动进行普遍性支持。建立从基础理论、技术研究、产品试验、设备制造、运营监管等应用公共技术服务平台,提供从技术研发到市场投入的平台环境,营造研发创新产业环境,推动企业集成创新,推动产业链内部各环节和企业之间的协同配合、相互推动,扩展发展空间,提高产业竞争力,实现多式联运产业的健康持续发展。

②形成自主技术发展轨道。

鼓励通过合同、委托、合作等形式深化技术研究与开发部门(如科研院所、大专院校等)与设备制造企业(中集、中车等集团)合作,加强设备制造、供应企业与多式联运设备使用企业(如船公司、铁路营运部门、物流企业)的设备应用试验和合作共赢机制。

(3)强化多式联运技术标准化建设及推广运用。

①尽快完善多式联运产业的技术标准。

联合相关管理部门,装备制造、装备使用企业,科研院所、大专院校等尽快完善多式联运产业的技术标准。对内贸集装箱、(联运)半挂车的车型、铁路双层集装箱、高铁快递专用成套装备等重点领域组织团队进行专门攻关。

②重视试点试验。

与理论研究相结合,计算模拟与实地试验相结合,扎实研究,严谨论证。设立专门的试点试验项目,对具体技术参数进行科学验证,为标准建立和大规模推广打下基础。远期来讲,更可以为中国技术的输出和中国标准的国际化奠定基石。

③加强国际技术交流。

配合贸易开展与物流发展,积极参与国际相关技术标准化活动,扩大我国在国际多式联运技术标准领域的话语权,推动我国多式联运技术标准纳入或上升为国际标准。

7.4.4 促进我国多式联运装备与技术创新应用的政策措施

（1）建立多式联运统一管理机制。

①建立部门协调机制。

我国目前运输装备的管理实行行业管理,部门之间缺乏协调和配合,技术标准之间衔接与协调不够,尤其缺乏多式联运模式下运输装备标准的衔接等,对此应加快建立各行业部门协调机制,从多式联运的角度,对装备技术标准等问题加强总体协调。

②筹立多式联运标准技术委员会。

建议筹立多式联运标准技术委员会,统筹多式联运装备的技术规划。该委员会应该由交通运输部、工业和信息化部、国家铁路局等国家部委、单位组织,公路运输、铁路运输、水路运输管理部门及科研单位和企业参加,建立涵盖物流单元、运载单元、运载器具和装载器具的专业委员会,统筹规划装备体系标准,保证装备在各种运输方式间能公平竞争,高效和无缝连接。

（2）建立多式联运装备标准体系。

①在各运输方式标准体系的基础上建立多式联运专用标准体系。

目前,我国已具备产品各自的标准,但仅考虑装备在单一运输模式下的要求,缺乏对装备在不同运输方式间尺寸、重量和技术要求方面的综合协调,需要在各运输方式标准体系的基础上建立多式联运专用标准体系,对多式联运装备发展提出总体规划,协调公路、铁路和水路联运装备的容积与尺寸、质量与装载能力等同步发展。

②适当放宽对多式联运的标准限制。

严格控制市场准入和管理,在保障市场规范性的前提下,鼓励多式联运发展,出台专项鼓励政策,引导更多的公路运输向多式联运转变。例如,对专门从事多式联运的车辆放宽尺寸要求和载重限制;在部分区域对多式联运车辆定时、定量取消限行限制,使得多式联运这一运输组织形式对市场形成吸引力。

（3）加强技术研究支持。

①组织技术攻关。

针对多式联运装备发展中存在的突出薄弱技术环节,各级科技主管部门组织开展专项科技攻关,重点加强对内贸集装箱、(联运)半挂车的车型、铁路双层集装箱、高铁快递专用成套装备等重点领域及相关标准化建设的研发支持。

②搭建创新平台。

支持大型多式联运经营人、多式联运装备制造龙头骨干企业等牵头搭建"产、学、研、用"协同创新平台。支持有条件的企业、科研院所、高校,围绕多式联运装备应用技术创新,建设高水平的重点实验室或研发中心。开展多式联运示范工程建设,引导推动各方面创新应用。

③深化国际合作。

拓宽国际合作渠道,加强对外技术交流,尤其是针对多式联运发展,充分吸取发达国家的先进经验,并结合我国实际开展创新应用。利用既有的国际合作机制,积极参与多式联运领域技术标准的制(修)订,推进我国技术标准与国际标准的衔接协调。

7.4.5 其他相关对策建议

以标准托盘应用推广为牵引,鼓励探索标准托盘与集装箱多式联运结合,形成合力。支持与标准托盘关联的叉车、货架、月台、运输车辆等物流设备设施标准化改造,促进上下游设备的衔接,逐步形成相互配套、有机结合、互为支撑的托盘、集装箱、厢式货车应用体系。

第 8 章
多式联运经营人与骨干龙头企业培育

8.1 我国多式联运经营人发展的基本情况

8.1.1 多式联运经营人的概念内涵

《物流术语》(GB/T 18354—2021)对多式联运的定义:货物由一种运载单元装载,通过两种或两种以上运输方式连续运输,并进行相关运输物流辅助作业的运输活动。

《关于促进多式联运发展的若干意见》中对多式联运的理解:通过标准化运载单元,使用两种及以上运输方式,提供全程一体化高效运输服务,是一种集约高效的运输组织形式。多式联运是以两种及以上运输方式为依托,融合物流、商贸流通、装备制造、互联网等产业的现代化货物运输服务体系,具有产业链条长、资源利用率高、降本增效作用显著等特点,是综合交通运输改革发展的战略导向。

《货物多式联运术语》(GB/T 42184—2022)对多式联运经营人的定义:与托运人签订多式联运合同,并对运输过程承担全程责任的当事人。

《民法典》对多式联运经营人的规定:多式联运经营人负责履行或者组织履行多式联运合同,对全程运输享有承运人的权利,承担承运人的义务;多式联运经营人可以与参加多式联运的各区段承运人就多式联运合同的各区段运输约定相互之间的责任,但是该约定不影响多式联运经营人对全程运输承担的义务;多式联运经营人收到托运人交付的货物时,应当签发多式联运单据。按照托运人的要求,多式联运单据可以是可转让单据,也可以是不可转让单据。

《海商法》对多式联运经营人的规定:多式联运经营人是指本人或者委托他人以本人名义与托运人订立多式联运合同的人;多式联运经营人对多式联运货物的责任期间,

自接收货物时起至交付货物时止；多式联运经营人负责履行或者组织履行多式联运合同，并对全程运输负责。

1980年出台的《联合国国际货物多式联运公约》把多式联运经营人定义为："其本人或通过代表订立多式联运合同的任何人，他是事主，而不是发货的代理人或代表，并且负有履行合同的责任。"

根据上述对多式联运及多式联运经营人的界定，并结合《关于促进多式联运发展的若干意见》中对多式联运的理解，我们认为：多式联运经营人是指以承运人身份与托运人签订多式联运合同，通过标准化运载单元，组织两种及以上运输方式提供全程运输服务，并承担全程货物运输责任的经营主体。

多式联运经营人具有以下特征。

（1）较强的资源整合能力：既包括运力资源整合能力，能够整合至少两种运输方式资源，也具备货源整合能力，集约利用各种运力资源，实现基于标准化运载单元的模块化运输。

（2）较强的运输组织能力：能够协调运载工具的跨运输方式快速转运，能够实现对跨运输方式的运营情况进行全过程管理和追踪，能够组织"门到门"运输。

（3）能够承担首赔责任：发生违约时，能够承担全程运输责任和货物赔付风险，并且能够先行赔付托运人相应的损失。

（4）同时享有承运人和托运人的义务和责任。货物发运时，多式联运经营人以承运人的身份，与托运人签订多式联运合同，接收货物后，又以托运人的身份与实际承运人签订运输合同。

8.1.2 多式联运经营人的类型

按照《交通运输部等十八个部门关于进一步鼓励开展多式联运工作的通知》，"已依法获得铁路、道路、水路、航空货物运输以及无车承运、无船承运、邮政快递业务经营资质或者国际货运代理备案的企业，可独立开展与其主营业务相关的多式联运经营活动，或者联合其他具有相关资质的企业组织开展多式联运经营活动，不得对其增设新的行政审批事项"。因此，按照主营业务进行划分，当前多式联运经营人可以分为五类。

（1）以单一运输方式为主。该类企业以水路运输、铁路运输、公路运输、航空运输等运输方式中的一种为主营业务，依托自身优势开展以原运输方式为主，其他运输方式为辅的多式联运服务。

（2）以无船承运为主。无船承运人以承运人身份接受货主货物，同时以托运人身份委托班轮公司完成国际海上货物运输，根据自身为货主设计的运输方案开展全程运输，签发经过备案的无船承运人提单。

(3)以国际货运代理为主。国际货运代理企业熟悉国际贸易规则,掌握市场货源,对市场反应更加敏感,该类企业与客户签订全程运输服务合同,对全程运输负责,很多大型货运代理企业同时也具有无船承运人资质。

(4)以快递业务为主。快递企业近年来加强了陆运、航运和物流园区之间的衔接,大力拓展陆空、公铁等多式联运业务,通过签发快件运单为客户提供"门到门"服务。

(5)港口企业培育和发展的多式联运经营人。自20世纪90年代后期开始,部分大型港口企业开展了铁水、江海等多式联运业务,通过成立专业子公司等形式协调运作港口与铁路、公路的运输业务。

(6)其他。市场上还存在着一批与多式联运相关的企业,其不是多式联运经营人,却从事着与多式联运相关的业务,如多式联运平台型企业和跨境班列"通道型"企业等。

①多式联运平台型企业。随着内陆港的逐步发展,特别是"一带一路"倡议下中欧班列开行的推动下,出现了并不直接揽货,依托铁路集装箱中心站,整合各种运输方式、引入口岸功能的平台型企业。

②跨境班列"通道型"运营企业。随着中欧跨境班列的迅速兴起和快速发展,大部分线路出现了班列运营企业,这些企业通过向铁路"包列"的形式获得班列使用权,然后向社会提供"站到站"的跨境班列运输服务,较少涉及两端短途运输服务。

8.1.3 多式联运经营人发展评价

(1)我国多式联运经营人已形成了一定规模。

当前,我国已经形成了一批多式联运经营人,他们通过整合各分段运输对全程运输负责,并向客户签发海运提单、无船承运人提单、快件运单等单据,提供"门到门"的多式联运服务。我国从事多式联运业务的企业较多,类型不一,主要包括以水路运输、铁路货运、公路货运、无船承运、货运代理、快递为主营业务的多式联运经营人,还包括港口企业投资发展的多式联运经营人、多式联运平台型企业等。规模较大的有中国远洋海运集团有限公司、中国外运股份有限公司、顺丰速运有限公司等。我国对水路运输、道路运输、铁路运输、航空运输、快递业、无船承运人、货运代理等都有明确的行业准入要求,我国多式联运经营人取得了单一或者多个领域的行业经营资质,已具有了一定的经营规模。

(2)多式联运运营体系基本形成。

当前,我国多式联运经营人以水路运输、无船承运、快递企业为主,与分段运输供应商洽谈运输协议,签发多式联运单证,完成包括公路运输、铁路运输、水路运输、航空运输的全程运输，通过整合运输资源开展多式联运业务。我国多式联运经营人开展业务逐步形成了以海运提单、无船承运人提单、快件运单等为主的多式联运单证体系。海运提单、无船承运人提单和快件运单可以签发"门到门"的服务协议。海运提单具备物权属性，是国际贸易发展的通行模式，海运提单同时也是进行退税、质押等经济活动的基本条件。目前，有少量多式联运经营人开始尝试以海运提单为"信用背书"提供海铁联运"门到门"服务，为内陆外贸企业开具全程提单，这种"一单制"服务满足了发货人在属地放货后即可快速收款及退税、收货人在货物到达港口之前即可开展抵押的贸易需要，促进了国际多式联运的发展，符合市场和客户对运输服务的需求。但同时也要看到，这种模式下，多式联运经营人通常承担了较高的风险和附加责任。

（3）平台型服务企业发挥了积极作用。

多式联运企业经营模式正朝着专业化、多元化方向发展，新出现的平台型服务企业在整合市场资源、创造多式联运发展条件方面起到了积极作用。现阶段，铁路系统内部的复杂环节仍是涉铁多式联运发展的关键制约因素，提供方便的对外接口是解决这一问题的有效途径。一些地方政府十分重视培育公共平台型服务企业，组建由政府和铁路局共同出资的平台运营公司，并引入海关、检验检疫等部门，提供铁路运输、水路运输等多式联运服务接口，实现一站式办理服务模式。另外，部分铁路局和港口企业合资成立海铁联运经营公司，在经营业务的同时，也搭建了海铁联运公共服务平台，提供海铁联运公共服务接口。这些平台型服务企业的出现，对于涉铁多式联运的发展起到极大的促进作用。

（4）铁路集装箱班列化运行为多式联运发展创造了条件。

铁路运输是多式联运发展的关键环节，集装箱班列开行前，铁路集装箱运输服务时效性差和不确定性问题，一直是制约客户选择铁路运输的重要原因。近年来，以集装箱中心站为枢纽，以6条集装箱铁水联运示范线、中欧班列为代表，铁路部门在条件相对较好的线路上开行集装箱五定班列（定点、定线、定车次、定时、定价）和特需班列，具有手续简便、一次收费、中途不解编、点到点准时直达的特点，提高了铁路运输的稳定性。

8.2 多式联运经营人发展存在的主要问题

目前，多式联运经营人发展存在以下几个方面的主要问题。

（1）多式联运经营人小、散现象普遍，对全链条服务控制能力有限。

多式联运各环节服务水平差距明显，经营人对全链条服务水平的控制能力仍十分有限。我国多式联运的大规模发展需涉及海上运输、海港、铁路运输、铁路货场、公路运输、公路货场、内河水路运输、内河港口等各种运输方式和环节,目前,各环节的服务水平仍存在很大差异。例如,与已达到国际水准的海上运输和海港服务相比,铁路尚未全面实现市场化机制,公路运输、内河运输普遍存在市场不规范,小、散、乱现象突出,规模化服务的能力和水平差距较大。涉及外贸物资时,口岸环境更是直接影响到企业的服务能力。虽然不少经营人采取了合资合作、自建车队等方式加以弥补,在中央和地方政府的积极协调下,各地区口岸环境有所改善,但企业对全链条服务水平的控制和把握能力仍十分有限。

(2)铁路市场化运营程度不高,成为多式联运发展的短板。

铁路运输是多式联运的重要环节之一。2013年,铁道部实施铁路政企分开改革,成立了中国铁路总公司,也同时开展了包括货运受理方式、运输组织方式、货运收费、全程物流服务四方面的铁路货运改革,取得了显著的成效。但通过调研,企业反映制约多式联运经营人发展的最主要问题就是铁路市场化运营的问题,由于铁路市场化运营程度不高所造成的运价高、运价缺乏灵活性等问题仍制约着多式联运经营人的发展。

①铁路运输价格缺乏竞争优势。

目前,中国铁路总公司下属的各路局已经在指导价基础上给予多式联运经营人管内不超过50%、跨局不超过30%的最高运价下浮优惠,但与我国充分竞争的公路运输市场相比,以铁路运输为主的多式联运在全程运价上与公路"门到门"运价相比仍没有比较优势。究其原因,一方面是由于多式联运仍存在两端的短驳运输,在一定程度上拉高了多式联运的全程费用;另一方面,铁路运输对自身的运输成本是基于全路局的成本进行计算,无法单独对特定线路上的运输成本进行计算,因此,虽然给了多式联运经营人较大的运价下浮,但与市场需求相比还存在差距;再有,我国铁路还是由中国铁路总公司一家运营,缺乏竞争,因此,虽然改革力度较大,但在价格制定上仍然是垄断定价,不是通过市场竞争而形成的定价。种种原因造成虽然各路局给予了较大的运价下浮,但与公路运输相比,铁路运输运价仍然缺乏比较优势。

②铁路运输价格调整缺乏灵活性。

此外,运价缺乏灵活性也是此次调研各方反应较为集中的问题。目前,铁路运价下浮申请仍需要进行层层审批,流程较多,耗时较长,运价下浮的申请通常需要经过4层的审批,审批时间短至几天,长则几周,无法满足市场需求。另外,铁路运价的下浮优惠是给予特定申请货种,如果企业变更货种还需要进行再次申请。

③铁路预付费制度增加了多式联运经营人运营成本。

目前,铁路运输仍实行预付费制,需要在委托铁路承运、起票运输前付清运费,而我国目前从事多式联运经营的企业主体类型较多,但主要是以水路运输企业、货运代理企业、无船承运人、港口企业、物流企业为主,在收费方面普遍实行月结,铁路运输预付费带来的财务成本占到整个企业经营成本的近10%,铁路运输的预付费给多式联运经营人带来了额外的财务成本,不利于多式联运经营人的培育和发展。

④铁路运输时效性仍然不强。

现代物流十分重视对于库存的精准管理,要求承运人快速、准时完成运输过程,铁路运输距离这一要求尚有一定差距。其一体现在两端集散货物需占用大量时间,以上海至北京为例,若选择晚上10点出发的列车,须在下午4点前将货物送至场站,许多企业因此转向公路运输。其二体现在铁路运输准点率不高,尤其是2月、6月、12月,受春运、铁路改线、恶劣天气等因素影响,班列运行时间不稳定现象更为明显。最核心的问题是,目前多式联运经营人对涉铁运输的时效性缺乏制度和责任保障,为客户提供全程高效、准时服务的可靠性大打折扣。

⑤铁路运输责任机制不能适应市场要求。

铁路运输目前实行两种赔偿制度,未参加保价运输的货物按照实际损失赔偿,但具有赔偿限额,仅按重量承运的货物最高赔偿100元/t、按件数和重量承运的货物最高赔偿2000元/t,承担货损责任的比例远低于海上运输、公路运输。参加保价的货物按照2‰的比例缴纳保价费后,按照保价额进行赔偿。

此外,目前铁路企业在激励机制方面仍需要进行改革,铁路员工在推动多式联运发展的工作积极性不足,主动服务客户的意识有待加强。

(3)多式联运各环节不衔接,各运输方式协同性差。

通过调研,企业反映较为集中的另一方面问题就是政策环境问题。目前,国外如欧盟和美国都有专门的法案或计划鼓励多式联运的发展,而我国还没有在国家层面进行顶层设计和出台相关政策鼓励多式联运的发展,因此,造成了多式联运在全过程中缺乏一致性的政策,在一定程度上制约了多式联运经营人的发展。

①多式联运各环节税率不一致。

自2016年5月1日我国全面推开营改增试点起,多式联运经营涉及的不同环节在增值税税率方面也不一致,提供交通运输业服务的公路运输企业、铁路运输企业税率为11%,提供物流辅助服务的包括港口码头服务、货物运输代理服务、代理报关服务、仓储服务和装卸搬运服务企业的税率为6%,造成了多式联运经营企业在税率方面的不统一,而我国目前从事多式联运的企业很大一部分为代理、港口企业,税率的不统一造成了企业的税率负担增加。此外,由于我国公路运输市场完全放开,规模较小的公路运输从业者无法开具增值税专用发票，或在加油等环节无法获取增值税抵扣，也给多式联运增加了成本。

②保险理赔责任不统一。

国内运输根据不同运输方式各自的规则来确定责任划分、赔偿标准、赔偿限额。多式联运经营人为规避风险，在各段运输分段投保的基础上额外对全程运输进行投保，即使如此，一旦出现理赔情况，责任界定往往也十分困难。

③运输单证不统一。

对于责任划分、赔偿标准、赔偿限额无法达成共识，从本质上制约了多式联运统一单证的推行，造成多式联运各环节不得不采用各自的单证的情况，公路运输合同、铁路大票、海运提单并存，流程复杂、衔接性差。

④运输品类标准不统一。

不同运输方式的货物品类标准不统一，尤其是铁路运输与公路运输、水路运输对危险品类型的界定不尽相同，如硫磺、鱼粉、豆粕在公路运输和水路运输都列为普通货物，而铁路运输规定为危险品，只能在指定车站办理，造成大量危险品无法实现联运。

（4）中欧班列缺乏顶层设计，无序竞争迹象明显。

截至2024年4月，我国已有80个城市开行了中欧（中亚）班列，在繁荣了"一带一路"沿线贸易的同时，也出现了点多分散、靠政府补贴争夺货源、无序竞争的迹象。

①线路开行重复，货源不足，经营人难以迅速发展壮大。

目前，从东北至广东、从沿海至内陆的众多城市均已开行中欧班列，许多班列的欧洲目的地相同，线路重复现象突出。与之对应的是，现阶段适于通过中欧班列运输的货物并不多，仅对于少量易变质或附加值较高的商品，跨境班列才是有吸引力的替代选择，海运仍然是中欧贸易最主要的运输方式。于是，大多中欧班列都面临货源不足的困境，仅有不足一半的班列能够实现稳定开行，经营人难以迅速发展壮大。

②高额补贴，扭曲市场需求。

地方政府普遍对中欧班列实行高额补贴以吸引货源，出现了东部沿海地区货物通过公路长途运输至内陆搭乘班列、一箱货物拆为多箱申请补贴、可以通过铁路直接运达阿拉山口的货物人为在中途卸下换乘班列申请补贴等"怪相"。而且，无序竞争造成中欧班列尚未形成统一对外口径，在与国外承运人谈判中话语权较弱，进一步抬高了全程运价。长期来看，补贴政策不利于中欧班列的健康发展，也不利于"一带一路"倡议的深入实施。

③包列运营,铁路参与程度不高。

中欧班列目前多采用运营公司"包列"的方式运营,由开行方筹集货源,铁路部门仅负责国内段铁路运输、缺乏改进服务的积极性,制约了铁路货运的市场化进程。

④班列公司运营领域单一,发展多式联运的愿望不强。

中欧班列运营多由政府牵头成立,主要任务为提供"站到站"的跨境班列运输服务、扩大班列货运量,较少涉及两端短途运输服务,对发展多式联运的愿望不强。

8.3 对于多式联运经营人和骨干龙头企业培育的建议

(1)总体思路。本着政府推动、市场主导,深化改革、创新驱动的基本原则,遵循培育环境、提升能力、推进改革,加强衔接、开展示范的总体思路,加强多式联运经营人和骨干龙头企业的培育。

(2)培育环境。营造和维护公平、统一、透明、高效的市场环境,保护多式联运经营人的合法权益,为多式联运经营人开展多式联运业务创造良好条件。

(3)提升能力。积极创造条件,提升多式联运经营人竞争力,丰富服务产品,培育和壮大多式联运经营人,引导传统运输企业向多式联运经营人转变。

(4)推进改革。推动铁路市场化改革,加强集装箱班列顶层设计,为多式联运发展创造条件。

(5)加强衔接。加强标准、政策、法规的衔接,促进各种运输方式的协同发展。

(6)开展示范。继续开展多式联运示范工程,深入开展铁水联运示范项目等试点示范,探索开展铁路"网运站分离、市场化运营"示范,积极推广示范经验。

8.3.1 培育良好的多式联运发展环境

(1)优化多式联运监管方式。

加大简政放权力度,减少行政审批和行政干预,对多式联运经营人不再设立新的准入门槛。发挥好政府对多式联运经营人事中事后监管的作用,通过建立重点企业联系制度、推进多式联运经营人信用体系建设等形式,加强对多式联运经营人的监督管理;通过制定多式联运服务标准,引导提升多式联运服务水平。

(2)加大公路超载治理力度。

加大公路运输超载治理力度,规范公路运输市场行为,形成良性的公路运输、铁路运输、水路运输的竞争环境,促进长距离货物运输向铁路运输、水路运输转移,同时,通过公路运输超载治理,引导提升公路运输集装箱化比例。

(3)创新口岸监管方式。

利用海关总署在全国重要节点城市设立多式联运海关监管中心的契机,创新多式联运和跨境运输的监管方式,简化通关流程,提高多式联运效率。

8.3.2 提升多式联运经营人的综合能力

(1)提升多式联运经营人的竞争力。

支持水路运输、铁路运输、公路运输、航空货运和快递、无船承运、无车承运、货运代理等企业进一步拓展多式联运业务。鼓励以资本、产品开发、战略合作为纽带组建各种形式的多式联运经营主体,通过货源、运力、场站、信息等资源共享,培育能够提供一体化服务的多式联运经营人。

(2)鼓励多式联运经营人丰富服务形式。

鼓励铁路部门进一步推广集装箱五定班列和客车化运营模式,优化中欧、中亚国际集装箱班列服务,探索推进铁路零散快运、电商专列集装化,在条件适宜的通道推行铁路双层集装箱运输。积极推进铁路、港口等散货改集装箱的"散改集"技术装备与组织流程创新。探索发展半挂车多式联运,推动甩挂运输发展,试点发展铁路驮背运输、公铁滚装运输等组织方式。引导航空货运落地配套服务,创新"卡车航班"无缝对接运营模式。鼓励企业创新发展无车承运、平台经济、互联网经济等新模式、新业态,运用先进的移动互联网技术,积极推进"互联网+"与多式联运服务融合发展。鼓励多式联运业务与保税、贸易、金融、产业发展深度融合,构建多业态协同发展新模式。

(3)加快推进专业化多式联运服务。

支持商品汽车、冷藏集装箱、大宗货物"散改集"等专业化多式联运发展。加快推进快递业空陆联运发展,打造一批航空货运专业化枢纽,有序扩大全货机运力规模。鼓励发展集装箱、半挂车、铁路平车以及其他多式联运装备租赁业务,繁荣专业化细分市场。大力发展半挂车多式联运,推动甩挂运输全面发展,试点发展铁路双层集装箱运输、铁路驮背运输、公铁滚装运输等先进组织方式。

8.3.3 推进多式联运重点领域改革创新

(1)进一步推动铁路市场化改革。

①推动铁路改革以形成市场化价格机制。

探索以试点示范的形式,选取运量大、运力足的铁路运输线路,试点示范"路网分离"运营模式,推动铁路运输实现市场化的竞争性价格定价机制,吸引更多的货源向铁路转移。

②简化铁路运价申请审批流程。

进一步简化铁路内部运价申请审批流程,压缩审批层级,简化审批流程,实现铁路运价快速调整,以适应市场需求。

③改变铁路预付费制度。

推行铁路运输收费对信用好、运量大的多式联运企业实行运费月结、季结制度,与国际管理接轨,降低多式联运经营人财务经营成本。

(2)加强跨境班列顶层设计。

参考海运集装箱"干支模式"对现有线路进行整合和优化。摸清班列站点腹地内真实货源情况,在箱源有限的地区,建议先期可通过枢纽站点编组后统一发运;箱源充足后,逐步发展班列运输。避免没有经济合理性的箱源由于补贴政策采取跨境班列运输,造成不必要的财政资源浪费。协调地方省市利益,避免地方省市非理性竞争;统一对外谈判,统一签订过境和运价协议,提高我国与中欧班列沿线国家谈判的效率和话语权,降低目前中欧班列的运行费用。

8.3.4 加强多式联运各环节的衔接

(1)优化多式联运税收政策。

优化多式联运经营涉及公路运输、铁路运输、港口装卸、水上运输、货运代理等环节的税收政策,同时完善增值税征收方法,对于多式联运各环节中无法进行抵扣的环节,根据情况创新抵扣办法,降低企业税负成本。

(2)制订多式联运服务规则。

制订多式联运服务规则,规范多式联运运输单证、责任划分、信息公开、装载标准、保险理赔等服务标准,保护多式联运经营人合法权益,提高多式联运服务质量。

8.3.5 开展多式联运试点示范

(1)继续推进多式联运示范工程。

根据交通运输部与国家发改委联合发布的《关于开展多式联运示范工程的通知》,确定多式联运行业骨干龙头企业名单,以试点示范形式支持多式联运骨干龙头企业发展,充分发挥骨干龙头企业的示范带动效应,引导中小企业走差异化、专业化的创新发展道路,形成多式联运行业龙头引领、集群共进的局面。

(2) 深入推进集装箱铁水联运示范项目。

在 2011 年交通运输部和铁道部联合开展集装箱铁水联运示范项目的基础上,进一步深入推进集装箱铁水联运健康发展。

①推广集装箱铁水联运信息标准。

在已开展的集装箱海铁联运物联网应用示范工程建设的基础上,总结推广六条示范通道相关经验,推广国家集装箱海铁联运物联网应用示范工程标准,加强其他沿海、沿江港口集装箱铁水联运信息互联互通工程建设。

②建立集装箱铁水联运统计制度。

为及时掌握我国集装箱海铁联运市场动态,加强集装箱海铁联运示范项目管理工作,推进实施集装箱海铁联运运量统计报表制度,各参与集装箱海铁联运示范项目的港口负责组织报送。

③扩大集装箱铁水联运示范范围。

建议新增加 3~5 条以沿海港口为枢纽的集装箱铁水联运通道开展示范,2~3 条以沿江港口为枢纽的集装箱铁水联运通道开展示范项目。开展内贸集装箱铁水联运新体系示范试点,加快短途小循环、重去重回、双层列车等班列示范开行力度。

(3) 探索开展铁路"网运站分离、市场化运营"示范。

在全国不同区域,选取具有集装箱运输需求的典型线路,选择沿海港口、内陆港及铁路线实行"网运站分离、市场化运营"试点。

网运站分离是指将铁路基础运营网、铁路场站和班列运营分离。铁路基础运营网作为国家基础设施,由非营利性路网公司负责维护管理,路网公司对使用路网的运输企业收取使用费,并负责调度及运营安全;铁路场站由场站经营人经营;班列运营公司负责揽货及运输服务。对于铁路场站、班列运输采取市场化运营,自主定价、引入竞争机制,通过市场竞争,形成铁路真正的市场运价。

通过网运站分离、市场化运营,将发挥铁路长距离的运输经济性,提高铁路服务水平,吸引更多货源向铁路转移;运输企业拥有自主定价权,便于在市场上承揽货源,快速响应客户需求,提供优质服务;同时,市场化的企业运作机制便于与其他运输系统形成责权统一、衔接顺畅的运输体系,可以具备条件借鉴海运规则,形成"一票到底"的多式联运提单,从而从根本上推动我国多式联运发展。

参 考 文 献

［1］ 中华人民共和国交通运输部. 货物多式联运术语：JT/T 1092—2016［S］.

［2］ 国家市场监督管理总局，国家标准化管理委员会. 物流术语：GB/T 18354—2021 ［S］. 北京：中国标准出版社，2021.

［3］ 中国物流与采购联合会. 第六次全国物流园区（基地）调查报告［R］. 2022.

［4］ 陈余德. 交通运输部铁道部共同推进集装箱铁水联运示范项目［J］. 港口科技，2011 （11）：1.

［5］ 中华人民共和国交通运输部. 2022年交通运输行业发展统计公报［R］. 2023.

［6］ 马耀宗. 铁路通用集装箱维修管理优化的探析［J］. 交通科技与管理，2020（2）：162-163.

［7］ 推进"一带一路"建设工作领导小组办公室. 中欧班列发展报告（2021）［R］. 2022.

［8］ 中华人民共和国国家质量监督检验检疫总局，中国国家标准化管理委员会. 系列1 集装箱 分类、尺寸和额定质量：GB/T 1413—2023［S］. 北京：中国标准出版社，2023.

［9］ 中华人民共和国国家质量监督检验检疫总局，中国国家标准化管理委员会. 系列2 集装箱 分类、尺寸和额定质量：GB/T 35201—2017［S］. 北京：中国标准出版社，2018.

［10］ 中华人民共和国国家质量监督检验检疫总局，中国国家标准化管理委员会. 汽车、挂车及汽车列车外廓尺寸、轴荷及质量限值：GB 1589—2016［S］. 北京：中国标准出版社，2016.

［11］ 中华人民共和国国家质量监督检验检疫总局，中国国家标准化管理委员会. 货运挂车系列型谱：GB/T 6420—2017［S］. 北京：中国标准出版社，2017.

［12］ 王明文. 我国多式联运标准体系框架研究［J］. 中国标准化，2017（2）：4.

［13］ 梁仁鸿，孙杨，陈硕. 我国运输结构调整发展战略重点研究［C］. 2022世界交通运输大会（WTC2022）论文集，北京：人民交通出版社股份有限公司，2022：388-3293.

［14］ 中华人民共和国交通运输部. 2023年综合运输服务能力监测分析报告［R］. 2024.

［15］ 林成功，胡希元，程长，等. 碳达峰背景下我国集装箱铁水联运发展现状及对策研究 ［J］. 交通运输研究，2022，8（6）：9.